나는
아직도
사람이 어렵다

나는
아직도
사람이 어렵다

오 늘 도 사 람 에 치 인
당 신 을 위 한 관 계 심 리 학

강은호 · 김종철 지음

문학동네

4장 | 나와 친한 사람이 남과도 친하다

5장 | 성격을 알면 사람이 보인다

'칼퇴'는 그야말로 그림의 떡,
과중한 업무만으로도 당신은 폭발하기 일보 직전이다.
하지만 당신을 힘들게 하는 진짜 이유는 과로가 아니다.
사사건건 시비를 거는 얄미운 상사, 영혼 없이 일하는 무기력한 동료,
똥인지 된장인지도 구분 못하는 어설픈 후배……
당신을 견딜 수 없게 만드는 것은 바로 사람, 그리고 그들과의 관계다.

관계는 항상 어려운 숙제다

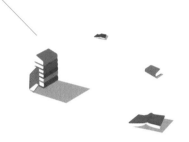

"아, 정말 짜증나서 못 해먹겠네."

오늘도 회사에서 돌아온 당신은 짜증 섞인 푸념을 토해낸다. '칼퇴'는 그야말로 그림의 떡, 밤 열한시가 넘어서야 간신히 막차를 타고 돌아오게 만든 과중한 업무만으로도 폭발하기 일보 직전이다. 하지만 당신을 힘들게 하는 진짜 이유는 과로가 아니다.

사사건건 시비를 거는 얄미운 상사, 영혼 없이 일하는 무기력한 동료, 똥인지 된장인지 구분도 못하는 어설픈 후배…… 당신을 견딜 수 없게 만드는 것은 바로 사람, 그리고 그들과의 관계다.

일에 치이는 건 그나마 참을 수 있다. 수두룩하게 쌓인 일도 시간을 들이면 언젠가는 해결되기 마련이다. '이게 사는 건가, 내가 무슨 부귀영화를 누리겠다고 이 고생을……'이라는 억울함도, 일이 성공적으로 마무리되면 보람과 성취감을 보상 삼아 어느 정도 해소될 수 있다. 하지만 사람에 치이는 건 답이 없다. 나 혼자 양보하고 이해한다고 해서 관계가 개선되는 것도 아니고, 관계가 한 번 꼬이기 시작하면 좀처럼 풀기 어렵다.

직장생활에서뿐 아니라 관계는 늘 어려운 숙제다. 가족 간에도 분명 사랑하는데 대화만 시작하면 결국 서로에게 상처를 주는 경우가 허다하다. 친하고 아끼는 친구지만 괜히 질투하고 경쟁하는 마음이 생기는 건 어쩔 수 없다. 누구보다 가까운 사이인데도 정작 내 마음을 가장 모르는 것 같은 배우자에 대한 서운함은 늘 가슴에 깊은 상처를 남긴다.

아무리 나이가 들고 많은 사람을 겪어도, 사람은 늘 어렵고 힘겨운 문제다. 도대체 왜 사람, 그리고 관계는 이토록 복잡하고 힘든 걸까?

예뻐도 너무 예쁜 그녀와 뛰어나도 너무 뛰어난 그의 속사정

그녀는 예뻤다. 예뻐도 너무 예뻤다. 외모도 빼어났지만 직업이나 학벌, 능력 면에서도 흠잡을 데 없이 괜찮은 재원이었다. 그런데 이상하게도 김여정씨는 삼십대 후반이 될 때까지 제대로

된 연애를 해보지 못했다.

　물론 남자를 사귈 생각이 전혀 없었던 것은 아니었다. 주위 사람들은 '눈이 너무 높다'고 그녀를 핀잔하기도 했지만, 그녀는 아무리 생각해도 그 말에 동의할 수 없었다. '예쁘고 스펙이 좋아서 연애하기가 더 어렵다'는 말에도 공감할 수 없었다. 자신은 남들이 이야기하는 것처럼 미인이 아닐 뿐만 아니라, 오히려 못난 데가 많은 밉상이라 생각했기 때문이다. '눈이 너무 높다'는 지적에도 그녀 나름대로 이유가 있었다. 눈이 높아서 사람을 가린다기보다는 다가오는 남자들이 자신을 쉽게 볼까봐, 혹시라도 그렇게 보이도록 처신할까봐 많이 조심했던 것뿐이었다.

　어쩌다가 연애를 하더라도 남자친구가 조금이라도 자신에게 무심하다고 느끼면 쉽게 상처를 받았고, 이는 남자친구에게 심한 분노를 표출하거나 일방적으로 관계의 종결을 통보하는 상황으로 이어졌다. 그렇다고 그런 자신의 속마음을 상대에게 털어놓고 싶지는 않았다. 솔직히 이야기하자니 자신이 너무 구차하고 초라하게 느껴졌기 때문이다.

　그런 그녀를 두고 주위 사람들은 자존심이 너무 세다, 까칠하다, 도도하다 등으로 평하기도 했다. 그녀의 이런 모습 때문에 남자들은 적극적으로 다가섰다가도 대부분 포기하고 물러났다. 결과적으로 많은 관계에서 그녀는 오해의 악순환을 되풀이했다. 연애뿐만 아니라 직장에서든 가정에서든 우리 삶의 모든 관계가 비슷한 특성을 가진다. 한 가지 사례를 더 보자.

그는 뛰어났다. 뛰어나도 너무 뛰어났다. 출중한 능력으로 입사 초기부터 이미 동기들을 앞질렀고, 동기들 중에서 가장 빨리 승진했으며, 동기들보다 높은 연봉을 받았다. 맡은 프로젝트마다 승승장구했고, 모두가 그를 두고 '남부러울 게 없는 사람'이라고 말했다.

그렇지만 손민수씨는 조급했다. 불안했다. 이제 충분히 여유를 갖고 일해도 될 텐데, 당장 내일 지구가 멸망하기라도 할 것처럼 늘 일에 몰두했다. 야근은 기본이요, 특근은 필수였고, 때론 철야도 불사했다. 사람들은 "이제 좀 쉬엄쉬엄 일해도 된다" "안 그래도 당신 일 잘하는 것 모두가 안다"라며 염려했지만, 그래도 그의 '폭주'는 멈출 줄 몰랐다.

사람들이 아무리 손민수씨를 칭찬하고 격려해도 정작 그는 언제나 아직 부족하다는 갈증에 시달렸다. 무엇보다 지금은 사람들이 자신을 높게 평가해도 조금만 실수하면 모두 가차없이 뒤돌아설 것이라는 걱정이 그를 괴롭혔다. 좋은 평가는 그에게 보상이 아니라 또다른 채찍이었던 셈이다. 그런 그를 두고 다른 사람들은 '성공에 목숨을 건 사람' '출세하기 위해서라면 무슨 짓이든 벌일 사람'이라며 손가락질하기 시작했다. 손민수씨는 억울하고 일견 분했지만 그렇다고 하소연을 하거나 적극적으로 해명하지는 않았다. 어차피 이야기해봤자 이해할 수 없을 것이라고 생각했기 때문이다. 그는 아무리 솔직히 이야기한다고 해도 자신의 진심이 다른 사람들에게 전해질 것이라 믿지 않았다.

김여정씨와 손민수씨는 '사람들이 아는 나'와 '내가 아는 나'가 달라서 힘들어했다. 겉으로는 자존심이 강하고 도도했던 김여정씨와 누가 봐도 자신감이 넘치고 뛰어났던 손민수씨는 사실 자존감이 낮았고, 그들의 내면은 갑각류나 성게의 여린 속살을 닮아 있었다.

하지만 사람들이 그런 그들의 '본모습'을 알기는 힘든 노릇이다. 사람들은 그들의 '앞모습'만 보기 때문이다. 대부분의 사람들에게, 진실은 뒷모습에 감춰져 있다. 그리고 그 뒷모습은 앞모습과는 늘 정반대다. 그들의 뒷모습은 겁 많은 고양이의 모습이었다. 그런 뒷모습이 바로 그들의 내면이었다. 스스로가 자신의 이런 뒷모습을 지레 두려워하고 다른 사람에게 뒷모습을 들키지 않기 위해, 강인하고 도도한 사자의 탈을 쓴 것이다. 반대로 우리를 이용하고 뒤통수치는 사람들의 앞모습은 대개 순한 고양이의 모습을 하고 있다. 어떤 경우든 모두 뒷모습을 숨기기 위해, 그와 정반대의 앞모습을 꾸며내기 마련이다.

아무리 많은 사람을 겪고 많은 관계를 맺어도, 사람은 늘 어렵다

삶의 지반은 고통이다. 그 고통의 가장 큰 이유는 우리 모두가 삶이라는 드라마의 주인공이기 때문이다. 이 말은 스스로 자기 삶의 주역이라는 뜻이기도 하지만, 그보다는 다른 의미가 더 중요하다. 3인칭인 시청자들은 머지않아 주인공이 어떤 고통을 겪을지 뻔히 알지만 정작 당사자는 이를 모른다. 그렇기에 시청자들을 안타깝게 하는 1인칭 상태의 주인공과 우리가 똑같은 처지에 있다는 뜻이다.

삶이라는 드라마에서 고통의 많은 부분은 관계 자체, 또는 관계상 생기는 오해의 악순환에서 온다. 이 책은 김여정씨와 손민수씨처럼 사자 같은 사람, 갑각류 같은 사람이 주위에 있을 때 그런 사람과의 관계에서 힘들어하는 당신을 위한 책이다. 반대로 자신의 진심을 내비칠 수 없어서 괴로워하는 당신을 위한 책이기도 하다. 어떻게 상대의 뒷모습을 볼 수 있는가 하는 요령, 도저히 내 상식으로는 이해하기 힘든 '너'를 이해할 수 있는 일종의 공식을 제시하는 게 이 책의 첫번째 목표다.

'너'는 '너'가 아니라 '나'일 수도 있다. 말장난처럼 들릴 수도 있겠지만, 이는 굉장히 중요한 문제다. 관계에서 문제가 발생했을 때 '너'와 '나'의 문제가 분리되지 않아 상황이 더욱 어려워지는 경우가 많기 때문이다. '너'의 문제인 줄 알았는데 알고 보니 '나'의 문제인 경우도 많고, '나'의 문제로 출발했는데 결국 '너'의 문제인 경우도 많다. 따라서 이 책의 두번째 목표는 '너'와 '나'의 문제를 어느 정도 구분할 수 있게끔 그 방법을 제시하는 것이다.

누구나 사람이 어렵다. 사람을 대하는 일, 그 일의 어려움은 사람 대하는 일, 사람 마음을 다루는 일을 업으로 삼고 있는 정신과전문의인 필자에게도 마찬가지다. 사람만큼 어려운 대상이 있을까. 그 '사람'에는 물론 '나'와 '너'가 다 포함된다. 이 책의 뼈대를 이루고 있는 '공식'인 'Ks 사이클'(필자들의 영문 이니셜이 둘 다 K라 이렇게 명명했다)은 정신의학의 기존 이론과 필자의 많은 상담 경험을 기반으로 만든 것이다. 동시에 우리가 겪은 사람과 사람 사이에서의 어려움 또한 반영된 공식이다.

이 책의 1장과 2장에서는 임상 현장뿐만 아니라 일상에서도 공통적으로 적용될 수 있는 대인관계 문제의 공식을 제시하고 그에 대한 설명을 하고자 했다. 그리고 3장에서는 앞의 원인 분석을 토대로 상처받지 않고 상처주지 않고 원만한 관계를 맺는 방법을 제시하고자 했다. 4장에서는 아무리 공식을 알더라도 어쩔 수 없이 겪게 되는, 관계로부터 오는 스트레스를 관리하는 법에 대해 말하고자 했다. 마지막 5장에서는 일반적인 성격 분류와 당하는 입장이 되면 극도로 혼란스럽고 어려운 상대(예를 들면 사회적으로 성공한 소시오패스) 그리고 일반적인 상식으로는 이해하기 어려운 몇 가지 병적인 성격 유형에 대해 설명했다.

이 책을 한 번 읽고 '이해'하는 데서 그쳐서는 안 된다. 축구선수는 공을 차는 원리를 머리로만 이해하고 경기하는 것이 아니다. 수많은 연습을 통해 계산할 필요 없이 공이 날아오면 바로 슈팅을 한다. 마찬가지로 이 책에서 제시한 원리를 '연습'을 통해 실생활에 적용할 수 있어야 한다.

두말할 것도 없이, 이 책은 우리 삶의 스트레스와 고통에 대해 모두 다루고 이를 극복할 수 있는 방법을 총망라하지는 않는다. 다만, 소위 '뚜껑이 열리는' 상태 같은 심한 스트레스를 비롯하여 관계 문제에서 비롯되는 크고 작은 스트레스를 이해할 수 있는 굵은 뼈마디 같은 이해방식을 제공하고자 했다. 이를 충분히 숙지한 뒤 여기에 좀더 '살'을 붙여줄 다른 책에 대해서는 말미에 간단한 정보를 덧붙였다.

삶과 생명은 그 자체로서 눈부시게 아름답지만 일상을 살아가는 일은 분명 이래저래 고단하고 피곤한 일이기도 하다. 모쪼록 이 책을 통해 조금이나마 그 고단함과 피곤함이 줄어들기를 희망한다.

한 가지 밝혀두자면, 이 책은 두 명의 필자가 함께 집필했지만 본문 중 특별한 경우를 제외하고는 모두 '필자'로 표기했다. 이렇게 단수로 표기된 부분은 두 필자의 의견이 같아 굳이 복수로 표기할 필요가 없거나, 필자 중 어느 한 명과 관련되는 경우다. 누구인지 표시해야 할 것 같은 경우에는 본문에 이름을 밝혔다.

이 책이 나오기까지 참으로 많은 분들의 도움을 받았다. 바쁜 의사생활 때문에 잘 돌보지 못하는 가정을 잘 이끌어준 강은호의 아내 박은영, 무럭무럭 잘 자라주고 있는 강세민과 강지민,

장성한 자식 내지 사위에 대한 걱정으로 잠 못 이룰 때가 많으신 양가 부모님들, 어렵고 고립된 상황에서도 기꺼이 자신을 던져 손을 내밀어준 몇몇 지인과 죽마고우들, 오랜 의사생활 동안 아 낌없는 내조를 해온 김종철의 아내 신외순, 성인이 되었지만 여 전히 보석 같은 김유경과 김미리, 각종 사례 유형에 대해 직장인 으로서의 어려움과 조언을 생생히 전해준 강성호와 강안호, 책 내용의 골수에 해당하는 지식과 사람을 대하는 진정한 자세를 가르쳐주신 스승님들, 출판사와의 소중한 인연을 이어준 김서영 씨, 그리고 끝으로 문학동네 관계자 여러분들. 이 고마움과 은혜 를 어찌 다 갚을 수 있을까. 깊고 깊은 감사의 말씀을 전한다.

오늘도 사람에 치여 고단한 당신이
좀더 편하고 행복한 관계를 맺길 응원하며,

강은호, 김종철

1장

괜히 불편한 사람,
왜 그 사람과는
자꾸 삐걱대는 걸까?

그도
나와 같은
생각일 거라는
완벽한 착각

　　　　　　　　　　괜히 불편한 사람이 있다. 딱히 성격이 나쁘다거나 누구라도 싫어할 법한 행동을 하는 것도 아닌데, 왠지 나와는 맞지 않는다. 다른 사람들과는 문제없이 잘 지내는데, 나와는 종종 트러블이 생긴다. 누구나 기피하는 '공공의 적'이라면 대놓고 싫어하기라도 할 텐데, 괜히 말을 잘못했다가 다른 사람들의 핀잔만 들을까 두렵다. 잘 지내보려고 노력도 해보지만, 아무리 노력해도 불편하고 어색하기만 하다. 도대체 이유가 무엇일까?

사실 그건 '업무 스트레스'가 아니라 '관계 스트레스'다

김준영씨는 직장 4년차 대리였다. 몇 달째 두통과 목 뒷덜미의 통증, 소화불량 등의 증세가 심하게 지속돼 한의원, 가정의학과, 내과 등을 전전하다 스트레스 클리닉을 찾은 경우였다. 그는 현 직장 재무 부서에 3년차 경력직으로 입사해서 1년 정도 근무했다고 했다. 업무환경이나 팀 동료와의 관계는 괜찮았지만, 긴밀하게 협업하는 옆 팀에서 근무하는 C대리와의 관계가 문제였다. 김준영씨는 한 살 위인 C대리가 틈만 나면 자신을 견제하면서 잘난 척한다고 느꼈고, 그로 인한 스트레스가 상당했다. 이를테면, 이런 식이다.

"준영씨, 그건 말이지. '내 경험상'으로는 그게 아닌 것 같아. (미주알고주알) 물론, 준영씨야 그쪽 전공이니까 이런 얘기가 좀 우습게 들릴 수도 있지만, 내 생각엔 아마 이런 식으로 하는 게 맞을 거야."

관련이 많긴 하지만, 자기 전공도 아닌데다 본인이 책임질 것도 아니면서 그런 식으로 쉽게 이야기하는 C대리를 김준영씨는 이해할 수 없었다. 게다가 가끔 담배를 피우는 자리에서 "공부도 많이 하고 이전 회사에서 평도 좋았다던데 막상 일해보니 별거 아니더라"라는 식으로 몇몇 신입 사원들 앞에서 은근히 자신을 '까는' 듯한 발언을 해서 상당히 언짢았다. 다른 직원들이 C대리의 이야기를 그러려니 한 귀로 흘려듣거나, 그냥 쉽게 웃어넘기는 상황도 마음에 들지 않았다. 대놓고 한판 붙기도 그렇고 그냥 무시하고 모른 척하자니 계속 찜찜했다. C대리와 묘하게 신경전을 벌인 날은 퇴근 후까지도 계속 그 생각이 나고 불쑥 화가 치밀기도 했다.

　많은 직장인들이 '업무 스트레스'를 호소하지만, 상담을 통해 그 구체적인 내용으로 들어가보면 대부분은 위의 경우처럼 '업무 스트레스'가 아닌 '직장 스트레스'를 겪는 것이며, 그 핵심은 관계의 문제였다.

　김준영씨 입장에서는 계속 뭔가가 거슬리거나 어긋나기만 하는 C대리 같은 사람을 피하거나 무시하는 방식으로 간단히 관계를 정리할 수 있으면 좋겠지만, 사회생활이 어디 그런가. 일을 진행하기 위해서 어쩔 수 없이 소통해야 하는 경우에는 차선책을 찾을 수밖에 없다.

　그 방법은 상대가 왜 그런 발언과 행동을 하는지 그 원인을 파악하는 것이다. 물론 '안다'고 해서 문제나 갈등이 전부 해결되지는 않는다. 하지만 상대의 심리와 특정 행동에 대한 이유를 정확히 파악하지 못하는 데서 오는 혼란과 오해의 악순환이 상황을 악화시키는 경우가 많다. 준영씨는 C대리를 어떻게 상대해야 하는지 종잡을 수 없어서도 힘들어했지만, 대체 그가 왜 자꾸 자신에게 그렇게 행동하는지를 알 수 없었기에 머릿속이 더욱 복잡하고 혼란스러웠던 것이다.

우리는 모두 '1인칭의 세계'를 살고 있다

다시 한번 강조하지만 우리 모두에게 이 세계는 1인칭 시점의 세계다. 소설을 읽을 때나 텔레비전 드라마를 볼 때처럼 3인칭, 특히 전지적 시점에서 살아가기란 불가능하다. 독자나 시청자로서의 우리는 왜 그런 일이 생겼는지 빤히 알고 있고, 상황이 어떻게 될지도 예상할 수 있지만, 이야기 속 주인공들은 한 치 앞도 모른 채 행동하고 판단한다. 우리는 그 모습을 보고 울고 웃고 한탄한다. 그렇게 이야기에 몰입하는 이유도 어쩌면 우리가 사는 세상, 그리고 거기에서 살아가는 우리의 실제 모습이 이야기 속 주인공들과 닮아서이지 않을까 싶다.

관계가 힘든 것은 정상이다. 서로 다른 '1인칭의 세계'에 살고 있는 사람들이 모여서 생활하면, 당연히 갈등이 빚어지고 오해가 불거질 수밖에 없다. 자신이 보는 세상을 남들도 똑같이 볼 것이라고 생각하고, 자신이 하는 생각을 남들도 똑같이 할 것이라고 짐작하면, 점점 오해가 쌓이고 관계는 꼬여간다.

물론, 전혀 방법이 없는 것은 아니다. 우리에게는 이성이 있고, 상황을 직접 겪지 않더라도 어느 정도 역지사지할 수 있는 능력이 있다. 이러한 능력을 통해 우리는 상황을 좀더 객관적으로 볼 수 있다. 즉 1인칭의 세계에 살면서 어느 정도는 3인칭의 시선으로 세상을 볼 수 있다. 이렇게 3인칭의 눈으로 세상을 보는 법은 이 책을 비롯한 많은 간접 경험을 통해 어느 정도까지는 충분히 습득할 수 있다.

그렇다면, 관계에서의 문제는 어떤 방식으로 생겨나는가. 이야기를 시작하기 앞서 우선 한 가지 테스트를 해보자. 너무 깊이 생각하거나 큰 의미를 찾으려 애쓰지 말고, 편하게 지시대로 해보자.

아래의 그림을 보고 연상되는 것들을 종이에 1분 동안 죽 써본다. 정해진 답은 없다. 깊이 생각하지 말고 가능한 마음속에 떠오르는 걸 그대로 적어보자. 한두 가지만 떠오를 수도 있고 열 가지 이상의 것이 떠오를 수도 있다.

다 됐으면, 자신이 적은 단어를 밝히지 말고 배우자든 직장 동료든 다른 사람에게 그림을 보여주고 똑같이 해보도록 한다. 그런 뒤 두 사람이 적은 단어를 비교해보자.

결과가 어떠한가?

같은 것도 몇 개 있을 수 있지만, 전혀 다른 답을 했음을 쉽게 발견할 수 있다. 신기하지 않은가? '똑같은' 그림을 봤는데도 전혀 다른 것을 보는 셈이니 말이다.

이 그림 테스트는 로르샤흐Rorschach 검사로 실제 정신과에서 이용하는 검사방법이다. 1921년 스위스의 정신과 의사 헤르만 로르샤흐에 의해 개발되었다. 로르샤흐는 이렇게 종이 한쪽에 잉크를 흘린 후 종이를 반으로 접어서 대칭되는 그림을 만들었다. 이렇게 만들어진 패턴과 형태는 어떤 정해진 답이나 목적이 없는 우연의 산물일 뿐이다. 이 검사에는 총 열 가지의 다른 그림이 이용되는데 많은 사람들이 공통된 답을 내놓기도 하지만, 똑같은 그림을 봤음에도 전혀 다른 답을 이야기하기도 한다. 당신이 조금 전에 발견한 것처럼 말이다.

이는 각 개인의 성격이나 내면의 차이에서, 그리고 사물을 보고 인지하는 뇌회로가 각자 조금씩 다름에서 기인하는 현상이다. 그러니까, 한 장의 그림을 놓고 우리가 모두 '똑같은' 것을 보는 것이 아닌 셈이다. 같은 사물이나 현상을 보고, 사람마다 전혀 다르게 인식할 수 있기 때문에 쉽게 오해가 발생할 수 있다. 다소 과장하자면, 어떤 그림을 두고서 내 눈에는 '빨강'이 보이지 않는데 상대방은 계속 '빨강'을 보라고 얘기하는 상황이 얼마든지 벌어질 수 있다. 서로 계속 그러다보면 어떻게 되겠는가. 당연히 문제가 생기고 결국 싸우기도 할 것이다.

우리는 부지불식간에 자신이 보는 것이 전부가 아닐 수도 있다는 사실을 잊어버린다. 내가 보고 있는 것을 상대방도 '똑같이' 보고 있을 것이라고 자동적으로 전제하고, 내가 보고 있는 것과 상대방이 보고 있는 것이 같은지 다른지에 대해 별다른 의심을 하지 않는 경우가 많다. 이야기 바깥에 있는 우리가 모두 아니라고 아는 내용을 이야기 속 주인공들은 철석같이 믿는 것처럼 말이다. 대부분 관계의 문제는 이처럼 '1인칭 사고'에서 비롯된다.

우리는 모두 '1인칭 시점의 세상'을 산다.
우리는 부지불식간에 자신이 보는 것이
전부가 아닐 수도 있다는 사실을 잊어버린다.
내가 보고 있는 것을
상대방도 '똑같이' 보고 있을 것이라고
자동적으로 전제하고,
내가 보고 있는 것과 상대방이 보고 있는 것이 같은지
다른지에 대해 별다른 의심을 하지 않는 경우가 많다.
대부분 관계의 문제가 여기서 비롯된다.

괜히 나를 경계하는 사람이 있다. 내가 특별히 실수를 한 것 같지 않은데, 다른 사람 앞에서는 웃다가도 내 앞에서는 인상을 찌푸리기 일쑤다. 도대체 왜 나만 갖고 그러는 걸까?

이유를 살피기 전에 다른 검사 이야기를 한 가지 더 해보자. A4 용지를 두어 장 준비한다. 거기에 자유롭게 집, 나무, 사람을 그려본다. 이 역시 정해진 규칙은 없으므로 그냥 그리고 싶은 대로 그린다. 자신이 그린 것을 보여주지 않은 채로 다른 사람에게 한번 그려보라고 한다.

이 검사 역시 실제 임상에서 널리 쓰이는 검사다. 위의 그림을 보면, 왼쪽 그림의 여성은 손을 뒤로 감추고 있는 반면 오른쪽 그림의 남자는 꽃을 들지 않은 손도 모두 보이게 그렸다. 수줍음이 많거나 자신감이 부족한 경우 대체로 왼쪽처럼 손을 뒤로 감추고 있는 그림을 그린다. 좀더 자세한 분석도 가능하지만 그림으로 여러분의 심리 상태를 진단하려는 것은 아니므로, 여기서는 아주 간단하게 설명했다. 같은 것을 지시받았을 때 사람마다 그 표현이 얼마나 다른가를 볼 수 있는 사례. 위의 예로 본다면, 두 사람이 보는 세상은 전혀 다른 셈이다.

이런 검사를 통해 사람들이 '같은 것'을 봤지만 다르게 느끼는 것이 아님을 알 수 있다. 애초부터 사람들은 전혀 다르게 세상을 보고, 느끼고, 판단하고, 표현한다. '같은 그림을 놓고'라고 말하는 것 자체가 사실 의미 없는 이야기인 셈이다. 그리고 자신과 '다르게' 보는 사람에게 왜 다르게 보느냐고 화를 내는 것은, 중풍으로 왼팔을 못 쓰는 사람에게 왜 왼팔을 못 움직이느냐고 다그치는 것과 마찬가지인 행동이 될 수 있다. 사람들은 그만큼 근본적으로 다르다.

가깝게 지내려고 할수록 더욱더 멀어지는 그 사람

정미영씨는 삼십대 중반의 과장이었다. 몇 년 전까지만 해도 별 어려움 없이 무난하게 사회생활을 해왔고, 일반적인 대인관계나 가정생활도 원만했다. 붙임성이 많은 편이라 회사에서도 주변 사람들과 관계가 괜찮았는데, 특히 남자 상사나 후배 들은 애교가 많은 그녀를 좋아했다. 웃음도 많고 성격도 밝아 딱히 불편하게 지내는 사람이 없었다. 격식을 차리지 않는 편이어서 성별 구분 없이 후배들과 편하게 지냈고, 나이 차이가 좀 나는 상사도 부모처럼 편하게 대했다. 업무능력도 괜찮은 편이었으나, 성격이 꼼꼼한 편이 아니라 종종 실수를 하곤 했다. 그럴 때마다 그녀의 인간관계는 위력을 발휘하곤 했다. 치명적인 실수가 아닌 이상, 웬만하면 위에서 적당히 감싸주었기 때문이다.

하지만 과장으로 승진하면서 조금씩 어려움이 늘어났고 스트레스가 심해졌다. 책임이 늘어나서 어깨가 무거워진 듯했고,

평사원 때나 대리 때와는 달리 상사와 부하 직원들 간의 다리 역할을 해야 하는 경우가 많아졌다. 원칙주의자에 꼼꼼하기로 소문난 김명신 부장이 그녀의 직속상관이 된 일이 결정적이었다. 김부장은 정미영 과장의 사소한 실수도 그냥 넘어가는 법 없이 매번 지적했기에 정미영 과장은 상당히 압박받았다. 이전에는 주로 남자 직원들에게 둘러싸여 일했던 터라 어떤 식으로 김부장과 호흡을 맞춰야 할지도 어려웠다.

그러던 어느 날, 정미영 과장이 김부장과 가볍게 담소를 나누고 있었는데 주위를 지나가던 이사 한 명이 가벼운 인사와 함께 옷차림이 감각적이라며 정미영 과장을 칭찬했다. 별 뜻 없이 인사치레로 한 말일 수도 있지만, 그후 김부장의 태도는 좀더 엄격해졌고, 급기야 정과장에게 "애교나 겉모습으로 어필하지 말고, 프로답게 행동해라"라고까지 말했다. 정과장은 가능한 한 김부장과 가깝게 잘 지내보려고 노력했지만, 그럴수록 뭔가 더 어긋나는 듯했다. 나름대로 잘하려고 할수록 더욱더 어긋나기만 했던 것이다.

앞서 이야기한 김준영 대리와 위의 정미영 과장이 힘든 상대와의 관계에서 어떤 변화를 만들어내지 못하고 계속 어려움을 겪었던 첫번째 이유는 '누구나 다 내 마음 같지 않다'라는 지극히 당연하고 평범한 진리를 까맣게 잊었기 때문이었다.

물론, 스트레스 상황에 처한 당사자는 '당연한' 얘기라고 받아들일 수 없다. 머리로는 쉽게 이해할 수 있지만, 막상 그런 상황에 처하면 생각처럼 잘 안 되는 법이다. 어쨌든, C대리나 김부장은 김대리나 정과장과는 전혀 다른 세상에 사는 완전히 다른 종류의 사람일 수 있다. 그렇든 그렇지 않든 사람들은 똑같은 상황도 얼마든지 저마다 다르게 느낄 수 있다는 사실을 인식하는 게 중요하다.

겉으로 보이는 센 모습과는 달리 그들은 열등감으로 똘똘 뭉친 열등감 덩어리일 수도 있고, 쥐뿔도 없는 주제에 잘난 체만 하는 얼간이일 수도 있으며, 남을 괴롭히는 것에서 희열을 느끼는 가학적 변태 성향을 가진 사람일 수도 있다. 그럼에도 불구하고 김준영 대리와 정미영 과장의 경우처럼, 우리는 많은 경우, 특히 스트레스 상황에서는 우리가 세상을 보고 느끼고 생각하듯이 상대방도 그럴 것이라고 무의식중에 전제한다.

'정말 이상한 여자와 결혼했다' vs. '저 남자, 왜 저래?'

결혼한 지 6개월 된 신혼부부가 상담실을 찾았다. 서로 성격이 안 맞아서 힘들다며 부부 상담을 원한다는 경우였는데, 이들의 얘기 중 한 토막을 살펴보자.

결혼하고 얼마 지나지 않았을 때, 부부는 연휴를 이용해서 낙조가 유명하다는 서해안 바닷가로 1박 2일간의 짧은 여행을 떠났다. 노곤히 퍼지는 노을을 배경 삼아 저녁식사를 하고 어둑해진 바닷가를 거닐기 시작했다. 두 사람은 자신들의 사랑이 결혼으로 완성됐음에 기뻐했고, 앞으로 펼쳐질 인생에 대한 기대에 부풀어 5년 뒤, 10년 뒤, 그리고 수십 년 뒤 자신들의 모습과 어떤 가정을 꾸려갈지에 대해 얘기했다. 그러던 중 백사장 한편에 위치한, 당시 한창 유행하던 조개구이 포장마차의 번쩍이는 네온사인 간판이 남편의 눈에 들어왔다.

남편 앗, 저거 괜찮겠다. 조개구이 맛있다던데, 가볍게 소주 한잔하면서 조금만 맛보자.

아내 여보, 에이 저거, 저녁 먹은 지도 얼마 안 돼서 배도 부르고, 너무 비싸. 내일 내가 수산시장에서 장 봐와서 집에서 해줄게. 저 가격이면 더 좋은 걸로 두 배는 먹을 수 있어.

남편 아니, 나는 얼마나 좋은 조개인지, 얼마나 많이 먹는지가 중요한 게 아닌데……

(이후 비슷한 방식의 대화가 오가며 결국 싸움으로 끝이 났다.)

참으로 알뜰하고 사려 깊은 아내가 아닌가. 게다가 본인이 직접 장까지 봐서 요리해주겠다는데 말이다. 그러나 남편은 그때 기분이 확 상했다. 그리고 사소하게 (어쩌면 사소하지 않게) 시작된 실랑이는 결국 부부싸움으로 이어져서, 직전까지만 해도 대단히 낭만적이었던 신혼부부의 짧은 여행은 완전히 엉망진창이 됐다.

남편은 그날 밤새 '정말 이상한 여자와 결혼했구나'라고 생각했다고 했다. 그는 그 순간 그 분위기에서 포장마차에 가는 걸 원했지, 집에서 배부르게 먹는 조개구이를 원한 게 아니었다. 왜 이렇게 아내와 코드가 맞지 않을까 크게 실망했고, 그로 인해 화가 많이 났다. 반대로 아내는 그렇게 화를 내는 남편을 도저히 이해할 수 없었다. 형편도 넉넉지 않고, 배도 부른데 굳이 그걸 먹겠다고 고집하는 남편이 이상하게만 느껴졌다. 이렇게 각자의 주장으로 팽팽하게 대립하다가 급기야 심한 부부싸움으로까지 번졌던 것이다.

부부나 애인, 그리고 거의 대부분의 대인관계에서 이와 비슷한 사건은 상당히 자주 일어난다. MBTI라는 성격 유형 분류(이는 5장에서 좀더 자세히 다룰 예정이다)에 따르면, 남편은 그때그때의 상황이나 분위기에서의 감정에 몰입하고 구체적인 생각이나 계획은 이후에 수반되는 감정형이자 외부상황의 변화에 바로 반응하는 인식형이었다. 그에 반해 아내는 감정보다는 현실과 사실을 바탕으로 객관적이고 분석적인 판단을 먼저 하는 사고형이자 머릿속에서 충분히 계획이 세워지면 행동하는 판단형이었다. 이렇듯 성격 유형이 다른 두 사람은 같은 상황에서도 무엇을 보고 느끼고, 중요하게 여기는가가 정반대였다. 이런 특성의 차이는 서로 전혀 다른 별에서 온 것처럼 제각각일 수 있다. 그럼에도 우리는 '내가 보는 세상'과 '네가 보는 세상'이 전혀 다

나는 아직도 사람이 어렵다

를 수도 있다는 사실을 자주 잊는다.

　이것이 바로 관계에서 문제가 발생하는 첫번째 이유다. 내가 보는 세상과 상대가 보는 세상이 같다고 생각할 때, 내가 하고 있는 생각과 상대가 하고 있는 생각이 같다고 여길 때, 관계에는 조금씩 균열이 일어난다.

우리는 모두
근본적으로
불완전할
수밖에 없다

내가 너무도 '분명하게' 보고 느끼는 것이 얼마나 불완전할 수 있는지를 알려주는 또다른 실험이 있다. 심리학에서는 상당히 유명한 샐리-앤 테스트라는 실험이다.

1. 방에 샐리와 앤이 있었다.
2. 샐리가 공을 바구니에 넣는다.
3. 샐리가 방을 나간다.
4. 앤이 공을 상자 속으로 옮겨놓는다.
5. 샐리가 돌아온다.

나는 아직도 사람이 어렵다

여기서 질문, 샐리는 공을 찾기 위해 어디를 맨 먼저 살펴볼까? 정답은 '샐리는 바구니를 먼저 살펴볼 것이다'다. (물론, 세상에는 예외 없는 법칙이 없으니 틀렸다고 해도 너무 슬퍼하지 마시라!) 샐리 입장에서는 당연할 수밖에 없지 않겠는가. 샐리는 공이 바구니에 들어간 사실까지만 알고 있다. 그후에 얼마든지 다른 일이 일어났을 수 있지만, 샐리가 가진 정보로 봤을 때는 일단 바구니를 살펴보는 것은 당연하다. 바구니를 열어 공이 없다는 사실을 깨닫기 전까지 샐리는 자신의 선택이 틀렸다고 생각하지 못할 것이다.

살면서 우리는 이와 비슷한 경험을 자주 한다. 우리는 자신이 보고, 알고, 느끼고, 생각한 것이 전부가 아님을 알고, 자신의 판단이 틀릴 수도 있다는 것을 얼마든지 안다. 그럼에도 매번 실생활에서는 부지불식간에 자신이 가진 정보가 매우 확고하고 단단한 암석 위에 서 있는 것처럼 판단하고 행동한다. 우리는 모두 근본적으로 불완전할 수밖에 없는 존재인 것이다.

한편 위의 실험에서 당신은 그 공이 이미 바구니에 없다는 사실을 알면서도 샐리가 바구니를 먼저 찾아볼 것이라고 대답했다. 이는 우리가 근본적으로 불완전할 수밖에 없는 상황에 처해 있음에도 불구하고 타인의 입장에서 상황을 판단해볼 수 있는 능력, 즉 역지사지의 능력을 가지고 있음을 보여준다. 상대방의 상황이나 입장에서 그 사람이 어떻게 생각하고 판단하고 느낄지를 미루어 추측하는 과정을 '마음의 이론Theory of Mind, TOM'이라 한다. 이러한 TOM 능력 때문에 우리는 근본적으로 불완전한 존재임에도 불구하고 대인관계에서 벌어지는 갈등을 원만히 해결할 수도 있고 상대방에게 공감하기도 하며 상대방과 소통할 수 있다. 그리고 이 책처럼 다양한 매체를 통해서 다른 사람들의 예를 간접적으로 경험하고 학습할 수도 있는 것이다. 그렇다면 실제 관계에서 어떤 일들이 벌어지는지 좀더 알아보자.

우리가 곧잘 '사오정'이 되는 이유

필자의 소싯적 경험을 살펴보자. '강'이 교수 발령을 받기 전 펠로우 시절의 일이다. 펠로우는 전문의가 된 후 대학병원에 취직해서 일하는 의사로, 일반 대학으로 치면 '포닥'과 비슷한 위치다. 명색이 전문의지만 계약직에 장래도 불투명할 뿐만 아니라, 대학병원 의사들 가운데서는 을 중의 을인 위치에 처한 관계로 배고프고 고달픈 시기일 수밖에 없다. 따로 연구실도 없어서, 병원에서 후미진 곳이나 눈에 잘 띄지 않는 닭장 같은 곳에 몇 명에서 수십 명씩 모여 지내는 경우도 많다. 그 당시 필자는 독서실처럼 책상이 죽 있고, 세 명씩 등을 돌리고 앉는 자리가 반복되는 식인 공간에서 지냈다. 그때 칸막이를 사이에 두고 필자와 마주보고 앉았던 후배와 나눈 대화다. 아마도 새로 산 탁상시계를 책상에 놓으려 하는데 뭐가 잘 안 됐던 모양인지 후배가 이렇게 물어왔다.

나는 아직도 사람이 어렵다

후배 A 선생님, 이 시계 세우는 방법 알아요?

필자 글쎄, 여기 이걸 이렇게 세우면 되지 않을까?

후배 B (갑자기 큰 소리로) 뭐라고요? 태우는 냄새가 난다고요? 이 커피 때문에 그런가?

지금도 가끔 이 대화를 떠올릴 때면 웃음이 나는데, 이 사오정들의 대화에는 사실 이런 사연이 있었다. 필자와 A가 시계 문제로 얘기를 나누는 동안 B가 실수로 책상에 커피를 쏟았다. 커피를 쏟은 B는 그 문제에 꽂힌 동시에 지레 찔렸다. 그래서 필자와 A가 자신과 전혀 상관없는 대화를 나누는데도 자신의 행동 때문에 무슨 문제가 생겼다고 오인했던 것이다. 당연히 필자와 A는 B가 커피를 쏟은 일에 대해서는 전혀 모르고 있었다.

이렇게 소통이 실패하는 것은 기본적으로 자신이 보고 생각하고 느끼는 상황을 상대방도 그대로 파악할 것이라고 전제하기 때문에 생겨난다. B의 상황을 필자나 A는 전혀 몰랐음에도 불구하고, B는 자신이 가진 정보로만 전체 상황을 판단했고, 순간적으로 자신의 상황에 대해 필자나 A가 알 것이라고 전제한 것이다.

고단한 펠로우 생활에 단비 같은 웃음을 선사한 일화였지만, 저런 상황이 직장 내 관계나 부부관계, 고부 문제 등 좀더 복잡한 상황에서 일어난다면 얘기가 달라지는 경우가 많다. 상당히 많은 수의 부부가 각자의 상황이나 입장, 태도 등에 대해 충분히 소통이 이뤄지지 않아 갈등을 겪는다. 그 이면에는 '내가 어떤 상황인지 상대방도 당연히 알고서 저렇게 얘기하겠지'라는 일종의 착각이 깔린 경우가 많다. 텔레파시가 통하지 않는 이상 말하지 않은 상황을 상대가 알 수 없는데도 말이다.

'어찌할 수 없는'이라는 이름의 간극

이런 경우를 생각해보자. 내가 상대에게 가지는 기대치를 '10'이라 하고, 상대가 나를 위해 기울이는 노력의 정도를 '3'이라고 수치화해보는 것이다. 내가 상대를 이해하고 배려하면서 기대치를 '8'로 낮추고, 상대가 나를 위해 더 신경쓰고 노력하면서 그 정도를 '5'로 높여도, 여전히 '3'이라는 간극이 존재한다. '어찌할 수 없는'이라는 이름의 간극이다.

이런 상황에서 당신이 상대의 노력을 인정하지 않고 여전히 '8'을 강요하면 상대는 노력해도 소용없다는 절망감에 빠지기 십상이다. 반대로 상대가 당신의 배려를 알아주지 않고 기대치를 낮추라고 하면, 당신은 서운해지기 마련이다. 상대의 입장을 고려치 않고, 나의 입장만 내세울 때 관계는 위기를 맞는다. 서로의 예측과 기대, 기대와 노력 사이에 '어찌할 수 없는 간극'이 존재할 수밖에 없음을 인정해야 하는 것이다.

나는 아직도 사람이 어렵다

내가 상대에게 가지는 기대치를 '10'이라 하고,
상대가 나를 위해 기울이는 노력의 정도를 '3'이라고 수치화해보자.
내가 상대를 이해하고 배려하면서 기대치를 '8'로 낮추고,
상대가 나를 위해 더 신경쓰고 노력하면서 그 정도를 '5'로 높여도,
여전히 '3'이라는 간극이 존재한다.
'어쩔 수 없는'이라는 이름의 간극이다.

관계 스트레스는
예측 불가능하기에 일어난다

예측과 기대에 관한 흥미로운 문제를 한 가지 더 덧붙이고 싶다. 깨어 있는 동안 우리는 거의 매 순간 자동적이고 순간적으로 그리고 거의 부지불식간에 판단을 하고 예측을 하며, 그에 따라 행동하거나 상대방의 반응을 기대한다. 아주 간단한 예를 들어보자.

당신은 3년차 사원이다. 전날 과음한 탓에 몸이 찌뿌듯해서 다른 사람들이 모두 점심식사를 하러 나간 사이 사무실에 혼자 남아 좀 쉬기로 한다. 고기며, 해장국 건더기며, 입가심으로 마무리한 라면까지 전날 먹은 음식이 여전히 위 속을 둥둥 떠다니는 듯해 전혀 입맛이 없다. 그렇게 한 10분을 의자에 비스듬히 누워 졸고 있는데, 갑자기 전무님이 사무실에 들어온다. 눈이 마주친 순간 당신은 벌떡 일어나 인사를 한다.

그런데 이때 만약 당신의 후배가 들어왔다면 어떻게 했겠는가. 분명 앞선 경우와 전혀 다르게 반응했을 것이다. 전무가 사무실에 나타난 후 당신이 의자에서 일어나기까지 채 1초도 걸리지 않았을 것이다. 그 1초도 안 되는 짧은 순간에, 당신이 머리로는 전혀 의식하지 못한 그 짧은 시간 동안, 당신은 상대가 후배가 아니라 전무이며, 그 앞에서 어떤 자세로 있어야 할지 판단을 내렸다. 당신이 원래의 그 비스듬한 자세를 바꾸지 않는다면 어떤 일이 일어날지 머릿속에서 순간적으로 예측해 판단한 셈이다.

나는 아직도 사람이 어렵다

아내 몰래 비상금을 숨겼다가 발각되면 어떤 결과가 따를 것이라는 것도, 지나가는 건장한 젊은이에게 이유 없이 다짜고짜 욕을 하면서 달려들면 어떻게 될 것이라는 상황도 두말할 필요 없이 쉽게 예측할 수 있다. 그렇지만 대인관계에 있어서는 이런 경우와 달리 어떻게 될지 분명하지 않을 경우가 많을 수밖에 없다.

스트레스 요인 중에서도 우리를 심한 스트레스 상태로 몰아가는 것은 힘든 상황 그 자체보다도 자신의 예측이나 기대대로 상황이 진행되지 않거나, 예측이 거의 불가능할 때, 전혀 예측하지 못한 뜻밖의 반응을 마주했을 때다. 상황이 힘들더라도 어느 정도 예측이 가능하다면 주관적으로 느끼는 스트레스의 강도는 상대적으로 덜하다. 하지만 알 수 없는 상대의 속마음, 어떻게 전개될지 모르는 관계 양상은 두려움, 답답함을 더해 우리를 더욱 피로하게 만든다.

'나라면……' 이라는 생각의 함정

　　　　　　　　　　　　　의류 회사의 영업팀 과장인 김미
연씨는 성격이 상당히 적극적인데다가 대인관계도 활발했다. 대
체로 사람들은 그녀를 좋아했지만, 간혹 너무 '들이댄다'며 부담
스러워하는 사람도 있었다. 그러던 중 김미연 과장은 신제품 출
시를 앞두고 열의에 찼다. 그 건이 부장 승진에 결정적인 역할을
할지도 모른다고 생각했기 때문이었다. 그 때문에 지금 담당 부
서의 박수연 과장을 찾아가서 이번 신제품이 이러저러한 면에서
굉장히 좋은 제품이고, 회사의 명운이 걸린 제품이라고 생각하
니 얼마 정도까지 판촉비를 기안해주었으면 좋겠다고 얘기했다.
열을 올리며 한참을 얘기하는데 박과장이 김과장의 얘기를 중간에 잘랐다. 그러더니, "회사의 명운이 걸린 게 아니라, 김과장님 명운이 걸린 거겠죠. 돈 문제는 저희가 알아서 할 테니 가보세요"라고 대단히 싸늘하게 그것도 아랫사람 대하듯 대꾸하고는 자기 일을 시작했다.

그 순간에는 너무 어이가 없고 당황스러워서 딱히 뭐라 반응을 못 했지만, 박과장을 만나고 나서 한 시간 정도 뒤부터 김과장은 울화가 치밀기 시작했다. 게다가 그쪽 부서 부하 직원들이 다 보는 자리에서 그러다니 '개망신'을 당한 것 같았다. 부서는 달랐지만 자신이 입사 1년 선배라는 사실도 분노를 참지 못하게 하는 데 일조했다. 그녀는 봉변한 듯했다.

자존심에 깊은 상처를 입은 그녀는 열흘 넘게 밤잠을 못 잤고, 누군가와 싸우는 악몽에 시달렸으며, 종일 가슴이 답답하고 가만히 있어도 숨이 찼다. 상담실을 찾은 그녀의 입에서 가장 많이 나온 단어는 '어떻게 그럴 수가' '나라면' '어떻게 사람이' 등이었다.

'왜' '어찌' '나에게' 라는 착각

상황이나 정도는 조금씩 다를 수 있겠지만, 독자 중 상당수가 이와 비슷한 경험을 해보지 않았을까 싶다. 지금까지 소개한 일화 속 주인공들, 그러니까 김준영 대리, 정미영 과장, 신혼부부, 사오정같이 반응한 필자의 후배, 김미연 과장은 정도 차이는 있겠지만 공통적으로 각자의 드라마 속 주인공이었다. 즉 그들은 모두 1인칭의 관점에서 세상을 바라봤다. 자신에게 보이는 세상이 상대방에게도 똑같이 보일 것이라고 무의식적으로 전제해 상대방의 말과 생각, 행동을 이해하려 했다.

그리고 그 이해를 바탕으로 예측을 하고 기대를 했다. 자신이 보는 세상에서의 예측이 빗나갈수록 그들은 혼란스러워졌고, 상대방이 자신의 기대치에서 벗어날수록 고통스러워하거나 분노했다. 물론 당연히 그들이 '잘못'했다는 것은 아니다. 다만 옛 어른들이 입버릇처럼 말씀하시던 진리를 되새길 수는 있다.

"남들이 다 내 마음 같지는 않단다."

첫 면담에서 김미연 과장은, 불면, 악몽 같은 증상보다도 대체 왜 본인에게 그런 일이 벌어졌는지, 평소 친하게 지낸 건 아니었지만 딱히 사이가 나쁘지도 않았고 오다가다 인사 정도는 하던 박과장이 왜 그렇게 싸늘한 반응을 보였는지 등을 생각하느라 머릿속이 터질 것 같다고 했다. 그녀는 사람에 대한 자신의 모든 지식을 총동원해서 그 상황을 납득하기 위해 애쓰고 있었다. 그러나 대개 그런 시도는 성공하지 못한다. 일이 벌어지는 데 관여한 상대와 이후 어떤 대화가 이뤄졌다거나 그 사람에 대한 추가적인 정보가 전혀 없는 상황에서 혼자 생각을 반복해봐야 무슨 명쾌한 답이 나오겠는가.

어느 정도 면담을 하면서 김과장의 혼란은 다소 줄어들었고, 심리적, 신체적 흥분도 많이 가라앉았다. 하지만 김과장은 여전히 한번 걸리기만 하면 박과장에게 제대로 앙갚음하겠다고 별렀다. 극심한 스트레스 상태는 면담 후반부가 되자 많이 나아졌으나 그녀는 계속해서 박과장의 싸늘하고 까칠한 그 대답에 꽂혀 있었다.

'그녀는 왜, 어찌 나에게 그렇게 함부로 대했을까.'

사실 근원적인 이유는 아무도 알 수 없을지도 모른다. "네가 나를 모르는데, 난들 너를 알겠느냐"라는 흘러간 유행가 가사처럼, 박과장 자신도 왜 그랬는지 정확히 모를 수 있기 때문이다. 어쨌든 김과장과의 면담에서 필자는 박과장의 반응이 일반적이지는 않아 보인다는 데 주목했다. 그 이유는 아직 정확지 않았지만 박과장이 방어로서의 공격성 측면이 강한 반응을 보였음은 거의 분명해 보였다. 그래서 면담 후반부에 필자는 김미연 과장에게 이렇게 말했다.

"박과장이 왜 그런 행동을 했는지 아직은 알기 어렵지만, 맹수는 쓸데없이 짖어대지 않습니다. 무언가가 두렵거나 약한 미물이 쓸데없이 짖어대거나 불필요하게 발톱을 세우는 거지요. 박과장에 대한 정보가 워낙 적어서 개인적인 동기나 이유는 잘 모르겠지만 그것만큼은 분명할 것 같습니다. 일반적으로 자존심이 세다고들 하는데, 실제로는 반대로 자존감이 낮은 거지요. 자존감이 높은 사람이라면 절대 그렇게 빈 깡통처럼 요란하게 굴리가 없습니다."

김미연 과장은 고개를 끄덕이면서 그 말을 되뇌며 상담실을 나섰다. 그리고 다음 상담시간에 의외로 상당히 밝은 얼굴로 나타났다.

김미연 과장 선생님, 제가요, 선생님 말씀을 생각하면서 그쪽 부서 아는 사람들 통해서 좀 알아봤어요. 그랬더니 박과장이 평소에 우울증이 좀 있는 것 같고, 사람들 말로는 기분이 늘 불안정하고 원래 좀 까칠하다더라구요. 이혼하고 애 하나 있는데 혼자 키우느라 스트레스가 많은 것 같구요.

필자 그런 사람들은 겉으로는 세거나 강해 보일지 몰라도 정작 본인 스스로의 내면은 평온할 때가 별로 없습니다.

김미연 과장 네, 그런 것 같아요. 그리고 친정어머니가 애를 봐주시는데, 사이가 안 좋아서 맨날 소리 지르고 싸운다고도 하더라구요. 친정어머니가 우울증을 오래 앓아서 박과장이 어렸을 때 제대로 양육도 못 받았다는 얘기도 있구요. 유복하게 자랐다고는 하는데……

필자 그런 유년기를 거친 사람들 중 많은 경우가 대인관계에서 어려움을 겪습니다. 아버지가 어머니를 때리는 것을 보고 자란 아이가 나중에 폭력적인 성향을 보이는 경우가 많은 것처럼요. 전해 들은 것만으로 판단하니 정확하지 않을 수도 있지만, 만성적인 우울이나 짜증, 기분 변화가 심할수록 유년 시절에 정서적으로든 어떤 식으로든 일종의 학대를 받았을 수도 있구요. 겉보기에 유복했느냐 아니냐는 좀 다른 차원의 문제 같습니다. 남과 가까워지는 것, 자신의 현상태를 충분히 누리고 즐길 수 없기 때문에 늘 대인관계도 어렵고, 삶이 피곤한 거지요. 속내는 대단히 여리고 두려움으로 차 있는데, 그 때문에 오히려 겉으로는 단단히 무장한 갑각류라고나 할까요……

김미연 과장 아, 그렇군요. (웃으며) 그러면 오히려 박과장은 불쌍한 사람이네요. 개인적으로까지 친해지고 싶지는 않지만, 회사에 있는 동안엔 어쩔 수 없고, 그쪽 도움 없이는 일을 할 수 없으니 적당한 기회에 말을 좀 붙여봐야겠어요. 제가 크게 잘못했다고 생각하진 않지만, 어떤 면에서는 조금 오버하는 것처럼 보였을 수도 있으니 혹시 마음 상했다면 그럴 의도는 아니었다 정도는 얘기하려구요……

물론 김미연 과장의 이야기만 들은 것이기에, 박과장에 대한 분석과 판단에는 오류가 있을 수 있다. 중요한 것은 박과장이 좋은 사람이냐 나쁜 사람이냐가 아니라, 김과장이 박과장에 대해 다른 정보를 구하고 이를 통해 그녀를 조금이나마 이해하고자 한 것이다. 김미연 과장의 경우는 첫 면담 후 서너 차례 정도 추가 면담을 진행할 예정이었으나, 한 번만 후속 면담을 더 한 뒤 면담을 마무리지었다. 몇 달 뒤 그녀를 필자의 클리닉에 소개해준 지인에게서 그녀가 그후 별 탈 없이 잘 지낸다는 얘기를 전해 들었다. 상대에 대해 조금이나마 이해하고 나니 그에게 조금 너그러워진 모양이었다.

'나라면 안 그랬을 텐데!' 정말?

세상일은 한 치 앞을 모른다고 말하면서도 우리는 은연중 미래에 대해 예측하고, 한 길 사람 속은 모른다고 하면서도 상대방이 어떻게 행동할지를 예상하거나 기대하기까지 한다. 자신이 얼마나 제한된 정보를 가졌는지는 별로 고려하지 않으면서 말이다. 물론, 이렇게 예측하고 기대하는 능력이 없다면 인류 문명은 이루어지지 못했을지도 모른다. 그러나 많은 경우 대인관계에서 정작 그 사람에 대해 아는 정보보다 더 많은 예측과 기대를 한다는 것이 문제다. '내가 그 사람이라면' 어떻게 판단하고 움직일 것이라고 막연히 전제할 뿐인 상태에서 말이다. 그래서인지 상담을 할 때, "어떻게 그럴 수가 있죠? 나라면 절대 안 그럴 텐데" 같은 말을 상당히 흔하게 듣게 된다.

나. 라. 면! 그렇다. 우리는 당신을 믿는다. '나라면!' 그러니까 당신이라면 절대 그러지 않을 것이다. 그러나 이미 '나라면'이라는 말에는 그는 당신이 아니라는 가정이 담겨 있지 않은가. '나라면'과 상대가 실제로 어떤 사람인지 사이의 간극은 밤하늘에 반짝이는 두 별 사이의 거리만큼이나 멀다.

나는 아직도 사람이 어렵다

"어떻게 그럴 수가 있죠? 나라면 절대 안 그럴 텐데."
그러나 '나라면'이라는 말에는
그는 당신이 아니라는 가정이 담겨 있지 않은가.
'나라면'과 상대가 실제로 어떤 사람인지 사이의 간극은
밤하늘에 반짝이는 두 별 사이의 거리만큼이나 멀다.

김미연 과장의 경우에는 박과장과의 간극을 줄이기 위한 방법으로 이론에 바탕을 둔 필자의 경험과 상대의 주위 사람들로부터 얻은 추가 정보를 이용했다. 이 외에도 대화를 통해 간극을 줄일 수도 있다. 대화를 통해 내가 몰랐던 상황, 상대방의 생각과 배경 등에 관한 정보를 얻음으로써 상황과 상대에 대한 이해의 폭을 넓힐 수 있다. 다만, 대화는 생각만큼 간단치 않은 경우가 많다. 서로의 상황이나 입장에 대해 잘 모르는 것이 갈등의 주된 이유일 때는 대화로 비교적 쉽게 해결되지만 그렇지 않은 경우도 많기 때문이다. 이런 경우 어떻게 되겠는가?

　　실제로 외래 진료실에는 별다른 준비 없이 '대화'를 해야겠다며 배우자를 끌고 오는 분이 꽤 많다. 거의 모두 '대화'를 하고 싶다고 말하지만, 자신의 입장이나 관점을 상대방에게 백 퍼센트 이해시킬 수 있다는, 이해시켜서 자신이 원하는 방향으로 선도(?)하겠다는 비현실적인 야심이 깔린 경우가 많다. 10년 동안 싸워서 해결이 안 됐는데, 10년 동안 나를 이해해주지 못한 배우자를 아무런 준비 없이 데려오고, 방법을 배우지 못한 채 '대화'를 쏟아내면 결과가 어떻겠는가. 결국 더 '피 터지게' 싸우게 될 것이다.

　　제대로 대화를 하려면 양쪽 모두가 상당한 수준의 준비를 하고, 마음 자세, 공부 등의 토대를 갖춰야 한다. 충분히 준비가 되지 않은 상태에서 대화를 강요하는 것은 글러브를 끼지 않고 맨손으로 링에 올라 마구잡이로 휘두르는 셈이다. 대화의 기술에 대해서는 후반부에 자세히 언급하겠지만, 이에 대해 집중적으로 정리된 책은 쉽게 찾을 수 있다. 대화법에 관한 대부분의 책은 지금까지 필자가 이야기한 원리와 앞으로 설명할 부분에 기반한다. 그러니 대화 부족만이 문제라면 최소한 그런 유의 책 중 한 권 정도라도 같이 읽어본 후에 대화를 시도해봐야 한다.

나와 상대가 다른 세상을 보고 다른 생각을 하는 다른 사람이라는 사실을 인정하지 않으면, 꼬여버린 관계의 실타래는 영영 풀 수 없다. '우리'가 다른 사람이기에 유지되어야 하는 적당한 거리를 지키지 못하면, 관계는 악화되기 마련이다.

건강한 관계의 출발점, 그것은 우리가 모두 다르다는 사실을 인정하고, 다르기에 벌어질 수밖에 없는 거리를 받아들이며, 그 거리를 유지하기 위해 애쓰는 것이다.

2장

포효하는 사자의
내면에는,
두려움에 떠는
고양이가 있다

'인정'이라
쓰고
'불안'이라
읽는다

우리는 관계에서 문제가 발생하
면 그 원인을 상대에게 찾곤 한다. 상사의 성격이 더러워서, 배
려심이 없는 친구라서, 팀원이 내 마음을 알아주지 않아서……
그런데 정말 그럴까? 많은 경우 관계의 문제는 '그'가 아닌 '나'
에서 출발하곤 한다.

해마다 연말이면 국내 몇몇 대기업의 임원 인사가 주요 일
간지의 머리기사로 등장한다. 수백여 명의 임원이 승진하고, 마
찬가지로 비슷한 숫자의 임원이 현역 명단에서 사라진다. 상담
관계로 국내 대기업 임원들을 직접 만나보면서 '역시 대한민국
기업의 임원, 대단하다!'라는 생각이 들었다.

나는 아직도 사람이 어렵다

모 대기업 전무였던 K는 전형적인 한국의 대기업 임원의 삶을 살았다. 그는 새벽에 집을 나서서 늦게까지 일했다. 회사든 어디든 일하는 데 있어서 장소는 문제되지 않았다. 공식적인 출퇴근 시간과 관계없이, 스마트폰으로 업무 상황을 모니터링하면서 필요한 일을 어디서든 계속했다. 접대가 있을 때에는 새벽 한두시까지 폭탄주를 돌리다가, 다음날 새벽 여섯시에는 칼같이 일어나는 일상이 반복되었다. 주말엔 잠깐 눈을 좀 붙일 때도 있지만, 골프 모임 약속이 있는 경우에는 주말마저도 일의 연속이었다.

　그런 생활이 25년 동안 이어졌다. 가족들과 살 부비며 오붓한 시간을 보내거나 가족 간의 정을 나눠본 적은 거의 없었다. 그는 중고등학교의 야구부원 같았다. 학교에 등록은 돼 있지만, 수업시간에는 들어오지 않는 운동선수 요원. 집안에서 그는 임원이라는 별을 달기 위해 살아가는 전문적인 선수 요원이었다. 그의 아내는 그의 승진을 위해 모든 것을 인내했고, 혼자서 아이들을 키웠다. K 부부는 수년 내에 K가 부사장으로 승진하기만을 바랐다.

　물리적, 신체적으로 정말 저런 생활이 가능할까 의구심이 들 정도로 한국의 대기업 임원들은 초인적인 삶을 산다. 이 초인들은 대체 왜 그렇게 일에 목숨을 거는 것일까? 돈이 없어서? 집이 없어서?

누구나 '누군가의 꽃'이
되고 싶다

인간은 먹고 자고 쉬어야 한다. 그러나 의식주와 같은 원초적인 욕구가 해결된다고 인간의 욕구가 없어지지는 않는다. 흔히 '인간은 사회적 동물'이라고 하듯이, 우리는 관계 속에서 살아간다. 심한 자폐증을 앓는 경우가 아니고서야, 제아무리 혼자 있기를 좋아한다는 사람조차도 모든 인간관계에서 벗어나 철저히 혼자 살아가지 못한다. 그만큼 사람에겐 관계 문제가 중요하다.

관계 문제가 늘 어려운 이유는 크게 두 가지다. 하나는 앞서 설명했듯 모든 사람이 다 제각각이기에 서로를 이해하기 어렵다는 것이고, 두번째 이유는 반대로 모든 사람이 가지고 있는 공통점 때문이다. 바로 인정받으려는 욕구, 자존감 유지에 대한 욕구다.

기업 임원들을 대상으로 특강을 진행하거나 대학의 고위 경영자 과정 등에서 강의를 하면서 수강생들에게 '직장 스트레스' 하면 맨 먼저 무엇이 떠오르냐고 물으면 '과중한 업무'나 '실적' 같은 대답이 돌아온다. 보통 사람들이 현실적으로 봤을 때는, 그 정도 지위에 오른 사람들이 왜 그렇게 실적에 연연하는지 이해하기 어려운 측면도 있다. 그 정도면 최소한 연봉은 1~2억 원이 넘을 것이고, 당장 회사를 그만둔다고 해도 얼마든지 어렵지 않게 작은 회사로 옮길 수 있다고 생각하기 때문이다.

그럼에도 불구하고, 그들은 늘 모종의 압박감에 시달린다.

겉으로는 돈 문제나 실적, 업무 문제처럼 보이지만 그런 객관적인 사안들은 사실 문제의 핵심이 아니다. K를 비롯해서, 필자가 만난 수많은 기업 고위 임원들, 사회적인 기준에서 봤을 때 상당한 성취를 이룬 많은 사람은 공통적으로 표면상 업무나 실적 등으로 인한 스트레스가 문제라고 느꼈다. 하지만 결국 그런 것들을 통한 사회나 관계 속에서의 인정이 문제였다. 그들은 모두 인정받는 '꽃'이 되고 싶어했던 것이다.

누군가의 꽃이 되고 싶은 것, 나아가 자기가 속한 사회에서 꽃이 되고 싶은 것은 우리 모두의 소망이다. 주목받는 게 부담스러운 사람이라도 인정받기는 원한다. 필자도 예외가 아니다. 인정에 대한 그런 욕구가 밑바탕에 없었다면 목매가며 공부할 필요도 없었을 것이고, 전문의 과정을 밟는 동안 밤새워가며 일하지도 않았을 것이며, 일반 사람들의 눈으로는 부러워 보일 수도 있는 전문의가 된 후 굳이 펠로우 과정도 밟지도 않았을 것이다. 어쩌면 이 책을 쓰는 중요한 계기 중 하나도 같은 맥락이지 않을까 싶다.

**성공하면 할수록
점점 불안에 떨었던
대기업 임원**

오십대 초반의 대기업 임원 이영숙씨는 해당 기업에서 여성 최초로 임원이라는 별을 달았다. 남자들과 경쟁하느라 잘 하지도 못하는 술도 억지로 참 많이 마셨단다. 혹여나 남자 직원들이 얕볼까봐 늘 강철 같은 이미지를 유지했고, 업무상 문제뿐만 아니라 회사 내의 관계도 완벽해 늘 평이 좋았다. 여느 워킹맘들이 그렇듯 아이들을 제대로 돌봐주지 못했다는 죄책감에 늘 시달리면서도 성공을 위해 이를 악물고 달려왔다. 두 딸의 양육은 친정어머니가 도맡았고 집안 살림은 몇 년 전까지는 입주 아주머니에게 맡겨왔었다.

그나마 두 딸 모두 그리 큰 말썽을 부리지 않아 다행이었다. 큰딸은 원하는 대학에 합격해서 그럭저럭 잘 다니고 있었고, 고등학생인 작은딸도 비교적 무난히 사춘기를 넘기고 나름대로 공부도 열심히 했다. 남편은 다정다감하지는 않았지만, 그녀가 일 때문에 주부로서의 역할을 온전히 못한다고 불만을 토로하는 편은 아니었다. 평생을 몸바쳐 일하고 가족들이 희생한 덕에 그녀는 그 정도의 성취를 할 수 있었던 것이었다.

첫 만남에서 그녀는 피곤해 보였다. 실적에 대한 압박 때문에 상당히 힘들어했고, 심한 불면증으로 심신이 많이 지친 상태였다. 게다가 자신은 안 그랬던 것 같은데, 요즘 젊은 부하 직원들은 다루기가 왜 이리 힘든지 고민이었다. 한소리만 해도 심하게 의기소침해지거나 삐죽삐죽하며 피해다니기 일쑤였다. 부하 직원들의 속을 알기도 어려웠고, 그래서 대하기도 쉽지 않았다. 그러다보니 자신이 제대로 리더십을 발휘하고 있는지 늘 회의감이 들었다. 동시에 그녀는 그런 스트레스를 가볍게 이겨내지 못하고 자신이 '힘들어하고 있다는 것' 그 자체에 힘들어했다. 그런 자신의 모습이 약하고 못나게 느껴졌던 것이다.

'머리'와 '마음'은 한동네에 살지 않는다

회자정리라 했다. 모든 인연은 이루어지면 다시 헤어지기 마련이다. 마찬가지로 산 정상에 오르면 내려가는 일만 남는다. 꽃은 피어서 아름답지만, 결국 지게 되어 있다. 이러한 이치를 누구나 머리로는 잘 알지만, 과연 사람의 마음도 그러한가? 많은 사람들이 '머리'와 '마음'을 거의 같은 동네라고 착각하지만, 상담 현장에서 봤을 때 실제로 이 두 가지는 번지수가 완전히 다른 동네다. 사람 마음이라는 게 머리로 생각하는 대로, 책에 쓰여진 대로만 움직인다면 세상살이가 뭐가 어렵겠는가. 사람의 마음이란 게 그렇게 단순하다면 노승들이 그 산속에서 평생을 바쳐가며 도를 닦으려 하겠는가.

아무리 높은 지위에 오르고 돈을 많이 벌어서 남부러울 것 없는 사람들도 마찬가지다. 회사에 입사하기 전에는 취직만 되면 세상에 원이 없을 것 같다가도, 막상 회사에 들어가면 이래저래 새로운 스트레스가 시작된다.

이영숙씨를 힘들게 한 이유의 핵심은 결국 '불안'이었다. 그녀는 실적과 업무에 대한 스트레스, 리더십에 대한 스트레스 등을 주되게 이야기했지만, 결국 그 핵심에는 관계상의 인정에 대한 문제가 있었다. 사람들은 인정에 대해서 동전의 양면처럼 이중적인 태도를 갖는다. 그녀가 사회적으로 성공하는 데 있어서 인정에 대한 욕구가 큰 동력으로 작용했지만, 정반대로 그런 욕구 때문에 불안해졌다. 인정받지 못할까봐 불안했던 것이다. 실적, 업무, 리더십 스트레스는 모두 인정 욕구와 관련된 불안과 두려움의 다른 이름이었던 셈이다.

거만함은 사실 불안함이 만들어낸 가면에 불과하다

필자가 아직 학생일 때 내과 실습을 처음 돌며 있었던 일이다. 대장암 환자가 특실에 입원했는데, 그 병원의 다른 과 교수님 지인이자 병원에 아는 사람이 많은 환자라고 했다. 그래서인지 의사나 간호사에게 '까칠하게' 군다는 얘기가 전해졌다. 환자도 화를 잘 냈고, 보호자로 상주하는 부인도 이런저런 컴플레인이 많다고 했다. '제발 저 사람만 담당 환자로 배정되지 않았으면……' 하고 바랐지만 당황스럽게도, 담당 주치의가 씩 웃으며 "말씀도 잘 들어드리고, 정서적으로도 잘 한번 지지해봐!"라며 필자에게 그 환자를 배정해버렸다. 가능한 그 병실에 들어가고 싶지 않았지만 어쩔 수 없었다. 이런 상황에서 당신이라면 어떻게 하겠는가? 여러 가지 선택지가 있을 것이다. 그중 필자가 택한 선택안은 스스로 두고두고 부끄러워할 만한 것이었다.

필자는 학생이었음에도 불구하고 최대한 의사나 전문가처럼 보이려고 노력했다. 하는 둥 마는 둥 인사를 했고, 들어가자마자 다소 거만하게 다리를 꼬고 앉았다. 그런 뒤 환자가 제대로 못 알아들을 정도로 최대한 빨리, 그리고 발음을 부정확하게 학생이라고 얘기한 뒤 환자의 상태를 물었다. 그러자 환자의 부인이 곧바로 짜증을 내며 "우리는 이런 거 필요 없어요. 치료나 제대로 해주세요" 하며 필자를 쫓아냈다. 아무리 의학적인 내용을 모른다 하더라도, 어설프게 전문가 흉내를 내는 학생을 누가 못 알아보겠는가. 지금도 가끔 떠올리면 부끄럽기만 한 이 일화는 결국 필자의 불안과 두려움 때문에 일어난 일이었다. 인정받고 싶은 욕구와 그에 따른 불안을 넘어서 상대방에게 무시당할까봐 겁나고 두려웠던 것이다. 표면적으로는 거만해 보였겠지만, 그 거만함은 불안이 만들어낸 일종의 가면이었던 셈이다.

불안과 두려움을 유발한다는 면에서 인정과 자존감에 대한 문제는 비슷한 연속선상에 위치하지만 약간 다른 측면도 있다. 인정보다 자존감이 좀더 근본적이고 깊숙한 내면에 위치한다. 그 자존감을 유지하기 위해 인정은 필수적인 요소다. 다른 사람으로부터의 직접적인 인정도 있고, 남들이 부러워하는 직장에 입사한다는 식의 간접적인 인정도 있다. 타인뿐만 아니라 스스로의 내면으로부터의 인정도 있다. 자신으로부터의 인정이 인색한(물론 그러고 싶어서 그런 사람은 없을 것이다) 사람은 상대적으로 외부로부터의 인정을 더 필요로 할 것이다. 스스로에 대한 인정이 부족한 사람을 우리는 자존감이 낮은 사람이라고 부른다.

자존감이 낮을수록 외부로부터의 인정을 얻기 위해 더 필사적으로 매달릴 가능성이 높다. 하지만 이는 밑 빠진 독에 물 붓기와도 같아서 다른 사람이 봤을 때는 아무리 많은 성취를 이뤘다고 하더라도 스스로는 늘 불안과 두려움에 시달릴 수밖에 없다. 인정이나 자존감과 관련된 불안과 두려움이 클수록 공격성과 까칠함, 거만함, 잘난 체, 상대방에 대한 의도적인 무시 등과 같은 가면은 더 두껍고 단단해진다. 그렇다면 이처럼 인정·자존감 불안에 따른 가면은 어떻게 만들어지고 어떻게 밖으로 드러나는 것일까.

자신으로부터의 인정이 인색한 사람은
상대적으로 외부로부터의 인정을 더 필요로 한다.
이는 밑 빠진 독에 물 붓기와 같아서
남이 봤을 때는 아무리 많은 성취를 이뤘다고 해도
스스로는 늘 불안과 두려움에 시달릴 수밖에 없다.

상대의 낯선 반응,
사실 그건
'공격'이 아니라
'방어'다

1932년, 하버드 대학의 심리학자이자 인체생리학자였던 월터 캐넌Walter Cannon은 스트레스 이론의 역사에 길이 남을 개념 하나를 제시한다. 바로 '투쟁이냐 도피냐Fight or Flight' 반응이다. 인간을 포함한 모든 동물은 스트레스 상황이 닥치면 극단적으로는 투쟁(공격)의 한 극과 도피(도망, 회피)라는 반대 극 중 하나를 선택한다는 이론이다. 지나치게 이분법적이라는 비판도 있으나 스트레스 반응을 이보다 더 명쾌히 설명하는 이론은 아직까지는 없는 듯하다.

어스름이 깔린 깊은 산속을 혼자 걷고 있다고 가정해보자. 해가 지고 있어서 그렇지 않아도 불안한데, 길가 옆 풀숲에서 부스럭거리는 소리가 들려오고 뭔가가 갑자기 튀어나온다. 순간적으로 움칫하면서 가지고 있던 등산 스틱을 쳐든다. 가슴은 두방망이질하고 자신도 모르게 온몸과 스틱을 치켜든 오른팔과 손아귀에 힘이 들어간다. 잠시 후, 그 낯선 존재가 조그마한 다람쥐임을 알고서야 온몸의 긴장을 풀고 안도의 한숨을 길게 내쉰다.

살면서 우리는 가끔 이와 비슷한 상황에 처한다. 이때 우리가 공격을 하거나 도망칠 준비를 취하기까지는 불과 천분의 몇 초 정도밖에 걸리지 않는다. 이렇게 짧은 순간 이와 같은 스트레스 반응을 보이는 것은 인간을 비롯한 모든 동물의 공통적인 본능이다. 숲속에서 튀어나온 물체가 다람쥐든 뱀이든, 아니면 다른 위험한 짐승이든 그 순간에 그 종류가 무엇인가는 그리 중요하지 않다. 기본적으로 동물의 이러한 스트레스 반응은 철저히 개체를 보호하기 위해 타고난 것이므로 조금이라도 위험 가능성이 있다면 자동적으로 반응하게 되어 있다.

순간적인 반응의 정도는 상황의 경중에 비례하지 않고, 최악의 경우를 상정해서 일어난다. 물론 불필요하게 '오버'하는 경우도 많지만, '오버'해서 손해보는 것과 상황이 충분히 확인되지 않은 상태에서 긴장하지 않아 발생할 수 있는 위험도를 가늠해보면 인체의 입장에서는 전자의 방식을 취하는 게 상식적으로 당연하다.

"자라 보고 놀란 가슴, 솥뚜껑 보고도 놀란다"라는 속담이 있다. 펄펄 끓는 물에 덴 후 아이가 찬물이든 뜨거운 물이든 물을 보고 긴장하지 않는다면 어떻게 되겠는가. 또 델 가능성이 높을 것이다. 결과적으로 봤을 때, 다소 '오버'할 수 있는 기전이 본능적으로 내재되어 있지 않다면 인류는 아주 오래전에 지구상에서 사라졌을지도 모른다.

'머리'는 그러고 싶지 않은데, '마음'은 이미 전시 체제에 돌입한다

스트레스 상황에서의 투쟁 반응은 짐승이나 사람에게서 흔히 볼 수 있다. 필자는 초등학생 무렵, 집 앞마당에서 암캐 한 마리를 키웠었다. 오랫동안 키운 개라 필자뿐만 아니라 집안 식구들을 많이 따랐다. 그러던 중, 그 개가 새끼 몇 마리를 낳게 되었는데 그뒤로는 개집 근처에만 가도 심하게 짖어서 가까이 다가갈 수가 없었다. 할머니는 "짐승은 새끼를 낳으면 다 저렇단다. 지 새끼들 보호하려고 저러는 게야"라고 하셨지만 어린 마음에 어미 개의 행동을 잘 이해할 수 없었다. 출산 후 새끼를 보호해야 하는 상황은 어미 개에게는 상당한 스트레스 상황이다. 그토록 따르던 주인집 아들에게까지 공격적인 반응을 보인 것은 스트레스 상황에서의 전형적인 투쟁 반응이라 할 수 있다. 실적 마감일을 앞두고 다들 신경이 날카로워지는 것, 부장님의 목소리가 조금씩 커지는 것 또한 모두 스트레스와 관련된 일종의 투쟁 반응이라고 볼 수 있다.

나는 아직도 사람이 어렵다

반대로 도피(회피) 반응이 나타날 수도 있다. 대표적인 경우로는 말 그대로 도망가기가 있다. 자신보다 힘센 짐승이나 천적을 만났을 때 짐승들이 도망가는 것이 그 전형적인 예다. 위기 상황이 되면 꼼짝 않고 그대로 얼어붙는 경우도 흔한데, 이를 '도망'이라고 표현하기는 그렇지만 이 또한 넓은 의미에서의 도피 내지 회피 반응에 해당한다. 암캐의 경우에도 일정 거리 이내까지 다가가면 사납게 짖어댔지만, 그 영역을 넘지 않는 경우에는 가만히 개집에서 새끼들을 데리고 웅크리고 있는 경우가 많았었다. 이것이 전형적인 도피(회피) 반응이다.

시험 날이나 업무 마감일이 다가올 때 오히려 일이 하기 싫어지고 사람 만나기가 귀찮아지는 경우가 흔히 볼 수 있는 회피 반응의 예다. 무서운 상사의 얼굴을 보기가 싫어서 슬슬 피하는 것, 일이 잘 진척되지 않을 때 오히려 자꾸 보고를 미루거나 피하는 것 또한 이러한 회피 반응에 해당한다. 스트레스를 받을 때 자꾸 술을 마시거나 딴짓을 하는 경우도 마찬가지다. 중요한 시험이 코앞인데 자꾸 다른 일에 흥미가 생기는 일도 필자를 비롯한 많은 사람들이 흔히 하는 경험이다. 의과대학 시절, 시험이 일주일 앞으로 다가오면 평소에는 관심도 없는 분야의 책이 왜 그렇게 재미있던지. 결국 이 모든 반응은 스트레스 상황에서의 회피 반응이라고 할 수 있다. 언뜻 회피 반응이라고 보기 어려운 경우도 있다. 바로 상사들이 보이는 회피 반응이다. 마음에 들지 않는 후배에 대해 '아예 내놓고' 그가 뭘 하든 모른 척하는 경우가 있는데 이 역시 일종의 회피 반응이다.

이러한 스트레스 반응은 불안과 직결된다. 스트레스 상황에서 불안이나 두려움으로 반응이 발동되기도 하고, 불안 자체가 스트레스일 수도 있다. 따라서 불안을 느끼는 순간 우리는 투쟁(공격)이냐 도피(회피)냐를 불과 천분의 몇 초 사이에 자동적으로 선택하게 된다. 눈 깜빡하는 짧은 순간 동안 각자의 의지나 '머리'에 상관없이 우리 몸과 마음은 일종의 전시 체제에 돌입한다. 지금까지의 설명대로, 불안하면 불안할수록 더 심하게 공격적인 성향을 띨 수가 있는 것이다.

**이순신의 죽음은
'유도된 자살'이다?**

소설가 김훈의 『칼의 노래』에는 선조와 이순신의 갈등에 대해 핵심을 찌르는 구절이 나온다.

"나는 겨우 알았다. 임금은 수군통제사를 의심하고 있는 것이다. 명량 싸움의 결과가 임금은 두려운 것이다. 수영 안에 혹시라도 배설을 감추어놓고 역모의 군사라도 기르고 있는 것이나 아닌지, 그것이 임금의 조바심이었다."(문학동네, 2011, 119쪽)

최근 조선의 구국 영웅 이순신의 죽음과 관련해서, '유도된 자살'이라는 주장이 상당히 설득력 있게 제기되고 있다. 이순신

의 죽음이 아이러니하게도 선조와의 관계와 관련된다는 내용이
다. 조정 대신들의 모함으로 이순신이 옥에 갇혔다가 백의종군
했다는 일화는 익히 잘 알려져 있다. 그러나 대신들의 모함만이
전부는 아니었다. 임진왜란 당시 가토 기요마사에 관한 첩보를
접한 후 조정에서 선조가 직접 이순신에게 출정 명령을 내린다.
전선戰線의 사정을 제대로 모르는 임금이 직접 작전 지시를 내린
것이다. 그러나 이순신은 이에 따르지 않았다. 첩보도 믿을 수
없었고 섣불리 움직였다가 사방에서 적에게 포위될 수도 있는
상황이라고 판단했기 때문이다. 그사이 가토 기요마사가 부산에
상륙했다는 전갈이 임금에게 전해지고, 임금은 이에 격노해 이
순신을 삼도 수군 통제사에서 파직한다.

　한 나라의 왕이 나라를 구한 전쟁 영웅을 계속 핍박하고, 그
장수가 전쟁에서 승리해서 살아서 돌아간다 하더라도 살 가능성
이 거의 없었다는 이야기는 상식적으로는 이해하기 힘들다. 그러
나 도의적으로 또는 일반 상식 선에서 선조의 행동에 대해 시비
를 가리기 전에 선조가 보인 공격적인 행동이 정치적 리더십과
관련된 불안과 두려움을 동력으로 한다고 볼 수 있다. 불안과 두
려움이 선조로 하여금 투쟁 반응을 유도한 것이다.

　선조는 적통이 아닌 후궁 소생 출신의 임금이었다. 조선 개
국 이래 처음이었다. 게다가 선조는 상당히 콤플렉스가 많은 성
격이었다고 알려져 있다. 전쟁이 터지자 백성들을 버리고 도망
가기에 급급한 왕과 모든 것을 다 버리고 백의종군하는 이순신,

아무리 우매한 백성일지라도 이런 형국이 의미하는 바를 모르지 않았을 것이다. 더구나 당사자인 선조가 이를 몰랐을 리 없다. 당연히 선조는 리더십과 관련된 불안과 두려움에 휩싸였을 것이다. 선조가 세종대왕처럼 성숙하고 유연한 내면을 지녔더라면 좋았겠으나 어쩌겠는가. 어쨌거나 리더십에 있어서도 지도자로서의 인정에 대한 욕구, 자존감 유지에 대한 욕구가 상당 부분을 차지한다. 이러한 욕구가 흔들리거나 혹은 흔들릴까봐 불안해질 때마다 선조는 상식적으로는 납득하기 힘든 공격적인 반응을 보였던 것이다.

'호의'를 정반대로 해석하는 성향, 편집증

선조의 경우처럼 어떤 상황에 있어서 정도를 벗어나 지나치게 의심을 하거나 공격적인 성향을 보이는 것을 '편집偏執'이라 한다. 편집증이 있거나 편집증적인 성격의 사람은, 타인의 호의를 정반대로 해석하기도 한다.

역사상 가장 대표적인 편집증적인 성향을 지닌 인물로 스탈린을 꼽을 수 있다. 1879년 12월 고리(현 그루지야)의 시골 마을에서 한 사내아이가 태어났다. 아이는 태어날 때부터 약했고 심지어 발가락은 기형이었다. 유년 시절 동안 그는 주정뱅이 아버지의 학대와 친구들의 따돌림을 받으며 힘겹게 성장했다. 열한 살일 때 그의 아버지는 총에 맞아 사망했다. 이 아이가 바로 역사상 가장 잔인한 '피의 숙청'으로 유명한 스탈린이었다. 트로츠키 일파 숙청을 시작으로 스탈린은 46년간 피로 점철된 철권 통치를 감행했다. 자신과 혁명을 함께했던 동지는 물론이고, 일반 국민들까지 수백만 명 이상이 스탈린 치하에서 처형되거나 암살되었다.

스탈린의 이러한 행동에 대해서는 그의 성격, 유년의 학대 경험, 당시의 정치적인 상황 등으로 다양하게 분석한다. 최근 들어 정신의학계 일부에서는 그가 뇌 질환을 가졌을 가능성 등도 제기하고 있다. 그중 어떤 이유가 더 중요한가는 논외로 하고, 스탈린의 이러한 공격적인 성향 또한 지금까지 얘기한 불안과 두려움의 반대 작용으로 보인다.

북한의 김정은의 행보도 크게 다르지 않다. 고모부를 가차 없이 숙청하고, 당 간부의 처형에 총이 아닌 대포를 이용하는 것. 대단히 과격해 보이지만 결국 그 과격함은 지도자로서의 인정 욕구의 일종인 리더십에 대한 불안과 두려움에서 기인한 것이다. '공격이 최선의 방어다'라는 말처럼, 옳고 그름을 떠나 또는 그 방법이 얼마나 효과적인가 아닌가를 떠나 당사자에게는 그런 표현이 일종의 방어방법인 셈이다. 이처럼 내적 불안감이나 두려움이 클수록 정반대로 공격적인 모습을 드러내는 현상은 개인적인 차원에서부터 사회정치적인 수준까지 공통적으로 볼 수 있다.

반대로 말하면, 공격적인 이면에는 반드시 불안 내지 두려움이 있다. 공격적이면 공격적일수록 그 내면은 불안하고 두려운 것이다. 따라서, 이를 공식처럼 외우면 좋겠다. 수없이 연습을 거듭한 축구선수가 기회가 왔을 때 생각하지 않고 바로 발을 내밀듯 상대가 공격적인 겉모습을 보일수록 그는 그만큼 불안한 것이라고 생각해주길 바란다. 포효하는 사자를 보면서 그 이면에는 불안한 고양이, 인정 욕구와 자존감 유지 욕구 때문에 두려움에 떠는 고양이가 사정없이 울고 있음을 늘 기억하자. 도저히 그럴 것 같지 않아 보이는 경우에도 말이다.

포효하는 사자 안에는 두려움에 떠는 고양이가 있다

꽤 오래전 어느 조직에서 있었던 일이다. 평소 꼼꼼하고 비교적 일도 잘하던 김대리가 이삼 주 전부터 업무상 소소한 실수를 연발하기 시작했다. 대인관계도 좋고 표정도 늘 밝았던 그가 최근에는 계속 안색도 안 좋고 사람들과의 대화도 눈에 띄게 줄었다. 다들 무슨 일이 있나 싶어 묻기도 했으나, 별일 아니라고, 컨디션이 좀 안 좋다고 대답해서 그냥 그런가 하고 조만간 나아지겠거니 했다. 어쨌거나 주위 사람들은 계속 뭔가 불편했지만 누구도 곧 닥칠 비극을 예상하진 못했다. 김대리가 성격이 급하고 불같기로 유명한 양과장과 사소한 일로 부딪치기 전까지는 말이다. 어느 날 늦은 오후, 김대리가 중요한 계약 관련 서류에 어이없게도 결정적인 실수를 한 것을 부장이 알게 되었다. 그 때문에 김대리의 직속상관인 양과장이 부장에게 불려가 아랫사람 관리를 어떻게 하느냐며 호된 질책을 받았다. 이에 양과장은 김대리를 불러 심하게 화를 내고 폭언까지 하게 되었다.

> **양과장** 너 이거 뭐냐. 일 이따위로 할 거야?
>
> **김대리** ……
>
> **양과장** 도대체 무슨 일인데? 왜 요새 이 모양이야? 그러고도 밥이 입으로 들어가냐? 잉여인간 같은 놈.
>
> **김대리** ……
>
> **양과장** 아니 뭔데? 말을 해봐 말을! (서류로 배를 툭툭 치며) 왜 이 따윈지 말을 해보란 말이야, 인마!
>
> **김대리** 말을 하면요?
>
> **양과장** 뭐라고? 아니 이 새끼가, 너 지금 나한테 반항하냐? 이 따위로 일하고도 회사를 다니고 싶냐? 이런 식으로 할 거면 회사를 때려치워. 이게 어디서, 어휴 나가 죽어라 나가 죽어. 가!

그리고 잠시 후 사무실을 나선 김대리는 회사 옥상에서 뛰어내렸다. 극단적인 사례지만, 인정에 대한 문제를 넘어서서 자존감 유지에 관한 문제가 우리 삶에 얼마나 결정적인 역할을 할 수 있는가를 잘 보여주는 일화다. 간단하게 정황만 놓고 보면 김대리에게 폭언을 한 양과장이 가해자인 셈이지만, 양과장이라고 저런 결과를 예상이나 했겠는가. 정확한 사연은 알 수 없지만, 김대리에게 뭔가 힘든 일이 있었을 수도, 김대리가 우울증을 앓았을 수도 있다.

어쨌든, 자세한 이유가 무엇이었든 간에, 김대리의 행동은 자존감에 큰 상처를 입었을 때 나타나는 일종의 투쟁 반응, 공격 반응이 외부가 아닌 자신에게로 향한 결과라고 볼 수 있다. 인정이나 자존감의 문제는 죽고 사는 일을 결정할 만큼 중요한 문제가 될 수도 있는 것이다.

10여 년 전쯤 필자들이 만난 지 얼마 안 됐을 때 일이다. 우리는 일반인 스트레스와 조직 갈등의 핵심을 간단히 도식화해서 설명 가능한 틀이 없을까 고민하기 시작했다. 몇 달 동안의 브레인스토밍 끝에, 그리고 이후의 여러 경험을 통한 오랜 수정 작업을 거쳐 지금부터 얘기할 '고양이와 사자에 관한 오해의 악순환', 즉 우리가 'Ks 사이클'이라고 명명한 일종의 '공식'이 탄생했다. 사람들의 스트레스 중 가장 중요한 요소가 관계 스트레스 내지 관계상의 갈등이라는 것, 다시 그 갈등의 핵심에 인간의 가장 근본적인 욕구 중 하나로 생각되는 인정과 자존감 유지에 대한 욕구가 있다는 것이 이 공식의 핵심이었다. 이는 이렇게 요약해볼 수 있다.

"모든 인간은 관계에서 인정받고 싶은 욕구, 자존감을 유지하고 싶은 욕구를 가진다. 이러한 욕구가 충족되기 어려운 상황에서 불안과 두려움, 심한 스트레스를 받을 수 있고 이는 방어적인 공격성이라는 가면을 쓰게 만든다."

반대로 말하자면, 갑자기 상대가 성난 사자나 가시 돋친 고슴도치로 돌변하면 반드시 그 이면에는 여린 고양이, 두려움에 떠는 고양이가 있다는 것이다.

자존심이 높다는 것은
자존감이 낮다는 것이다

정유정씨는 삼십대 후반의 커리어우먼이었다. 빠른 승진으로 그녀의 직급은 차장이었고, 낼모레면 불혹을 앞둔 나이에도 미혼으로 일에 인생의 모든 것을 바친 듯했다. 일명 '워커홀릭'인데다 성격도 완벽주의적이었다. 어떤 면에서는 그만큼 자신에게 혹독했다. 어쨌든 업무와 관련해서 정유정씨는 회사에서 인정받고 있었다. 그렇다보니, 조금씩 윗자리로 올라갈수록 부하 직원들의 일하는 방식이 영 탐탁지 않았다. 자신이라면 밤을 새워서라도 이삼 일 안에 끝냈을 일을 열흘 넘게 붙잡고 있으면서도 제대로 해결을 못 하질 않나, 보고서를 다 작성했다고 가져왔는데 그 내용이 시원찮질 않나, 뭐 하나 마음에 드는 게 없었다. 그러다보니 업무 스타일이나 결과를 놓고 부하 직원들에게 자꾸 부정적으로 피드백을 하거나 핀잔하는 경우가 많았다.

그녀가 잔소리를 하면 할수록 부하 직원들은 그녀를 피하게 되었고, 쓸데없는 이야기를 했다가 핀잔을 듣는 게 싫어서 정차장 앞에서는 꼭 필요한 말만 하곤 했다. 부하 직원들끼리는 활발히 소통도 하고 분위기가 좋은 것 같다가도 자신만 나타나면 갑자기 사무실 분위기가 냉랭해지자 그녀는 기분이 상했다. 그럴수록 정차장은 화가 났고, 그러면 잔소리가 늘고, 다시 부하 직원들은 그녀를 피하는 식으로 악순환이 점점 심해졌다. 그녀가 봤을 때는 능력도 없고 일하는 태도도 별로인 부하 직원들이 조언을 청하는 등 적극적으로 행동하기는커녕 필요한 말만 짧게 하고 돌아서곤 하자 자신이 부하 직원들에게 무시당하는 게 아닌가 하는 느낌이 들기도 했다.

부하 직원들의 입장에선 그녀가 싫을 수밖에 없었다. 사사건건 트집을 잡질 않나, 별일 아닌 듯한 일에도 과도하게 화를 내질 않나, 월요일 아침이면 도살장에 끌려가는 기분으로 출근하곤 했다. 몇몇 직원들은 술자리에서 술기운을 빌려 그녀에 대해 쌍욕을 늘어놓기도 했다. 부하 직원들은 정차장이 노처녀 히스테리를 부리는 게 아닐까, '성격장애'가 아닐까 하며 나름대로 여러 가지 가설을 세워보았지만 정차장을 도저히 이해할 수 없었고, 정신적으로 힘든 상황은 나아지지 않았다.

그러던 중 사소한 일을 계기로 그녀가 사무실에서 삼십 분 넘게 분통을 터뜨리는 일이 생겼고, 사무실 분위기는 살벌해졌다. 이 사건 이후 부하 직원들은 직접 보고가 필요한 경우에도 정차장에게 문자로 보고를 하거나 이런저런 핑계를 대면서 외부에서 이메일로 보고하는 경우가 늘었다. 한마디로 사무실 업무가 정상적인 방식으로 돌아가지 않게 되었다.

정차장의 사례는 다소 심한 경우지만, 직장 내의 관계 문제를 포함해서 우리 삶의 많은 관계 갈등이 이와 비슷한 악순환의 특성을 갖고 있다. 정유정 차장은 겉으로 보이는 '스펙'과는 달리 인정 욕구가 매우 높고 자존심이 강한 성격이었다. '자존심'이 너무 세다는 것은 '자존감'이 낮다는 것과 같은 의미다. 겉으로는 사자와 같은 모습을 보이지만 그 이면에는 인정이나 자존감과 관련된 여린 고양이가 자리잡고 있었다. 그 여린 고양이가 자극받을수록 거친 사자의 탈(공격성)을 쓴 모습이 나타난다.

동물원에만 가봐도 쉽게 알 수 있듯이, 진정한 맹수는 불필요하게 갈기를 세우거나 쓸데없이 짖지 않는다. 정차장의 경우도 마찬가지로 볼 수 있다. 정차장에게는 자신의 인정 욕구와 자존감을 충족시킬 수 있는 중요한 수단이 일이었다. 그렇기에 정차장은 그토록 혹독하게 일을 할 수밖에 없었고, 자신의 기준을 충족하지 못하는 부하 직원들에게 사자처럼 굴 수밖에 없었다. 사자처럼 구는 만큼 그녀의 내면에선 인정에 대한 욕구, 자존감 유지 욕구에 대한 불안과 두려움이 컸다. 그녀가 부하 직원들에게 보인 반응은 전형적인 투쟁(공격) 반응이었고, 그 공격성의 동력은 불안과 두려움이었다.

부하 직원들은 당연히, 그녀가 무서울 수밖에 없었다. 게다

나는 아직도 사람이 어렵다

'자존심'이 너무 세다는 것은 '자존감'이 낮다는 것이다.
겉으로는 사자와 같은 모습을 보이지만
그 이면에는 인정이나 자존감과 관련된
여린 고양이가 자리잡고 있는 셈이다.
그 여린 고양이가 자극받을수록
거친 사자의 탈(공격성)을 쓴 모습이 나타나기 마련이다.

가 그녀의 잔소리가 그들의 인정 욕구(경우에 따라서는 자존감 유지 욕구)를 계속 좌절시키거나 자극하는 요소로 작용하는 게 더 큰 문제였다. 그 결과 부하 직원들은 도피(회피) 반응을 보였다. 그들 입장에서는 이러한 도피 반응이 당연할 수도 있었지만, 결과적으로 그들의 행동은 정차장의 리더십, 즉 그녀의 인정 욕구를 계속해서 좌절시키는 자극으로 작용했다. 부하 직원들의 도피 반응이 다시 그녀의 공격 반응을 가중시키는 식으로 악순환이 계속되면서 제대로 업무가 이루어지지 않았던 것이다. 이를 도식으로 나타내면 아래와 같다. 직장 상사와 부하 직원이 들어갈 자리에 남편과 아내, 부모와 사춘기 자녀, 심지어 국가 대 국가를 넣어도 무방하다. 상대의 반응 이면에는 정반대의 심리가 있다고 공식처럼 생각하면 되겠다.

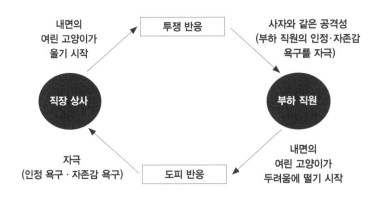

고양이와 사자에 관한 오해의 악순환(Ks 사이클) 이 도식은 투쟁-도피 반응의 맞물림에 대한 것이다. 경우나 관계에 따라 투쟁-투쟁, 도피-투쟁, 도피-도피 반응도 얼마든지 가능하다. 따라서 총 네 종류의 악순환 사이클이 가능한 셈이다.

나는 아직도 사람이 어렵다

고양이와 사자에 관한 오해의 악순환, Ks 사이클

대학병원 또는 수련병원에서는 6년간의 의과대학 과정을 마치고 의사 면허를 취득한 이들을 대상으로 전문의 수련을 담당한다. 우리나라의 경우, 의과대학 6년 과정을 마치면 1년 동안 한 달씩 다양한 진료 과를 돌면서 일을 하는 인턴과정을 밟게 되고, 인턴과정을 마치면 특정 과를 정해서 4년 동안 레지던트 수련 기간을 거친다. 그런 뒤 전문의 시험을 봐서 합격하면 전문의 자격증을 받는다. 물론, 의사 면허만 취득하거나 인턴과정만 마치고 일반의로 병원에 취직하거나 개업을 할 수도 있다.

대학병원이나 수련병원에서 어느 정도 책임을 맡는 위치가 되면 인턴, 레지던트와 간호사 사이의 싸움 때문에 골치를 앓는다. 그런데 흥미롭게도 신참 간호사와 인턴은 그렇게 많이 싸우지 않는다. 마찬가지로 고참 간호사나 4년차 레지던트('치프 레지던트' 또는 '수석 전공의'라고도 부른다)도 별로 다투지 않는다. 대개 싸움은 2~4년차 간호사와 1~2년차 레지던트 간에 벌어진다. (물론 경우나 성격에 따른 예외도 있다.) 인턴 때나 신참 간호사 때는 정신이 없기 때문에 경황이 별로 없지만, 2~4년차 간호사와 1~2년차 레지던트처럼 조금 여유가 생기면 이들 사이에 묘한 기류가 형성되곤 한다. 간호사는 간호사대로 레지던트는 레지던트대로 인정에 대한 욕구, 자존감에 대한 욕구의 문제가 조금씩 수면 위로 떠오르는 것이다. 그래서 일종의 경쟁의식이 생기기도 하고, 환자에 대한 의견이나 처방 방침을 놓고 본의든 본의가 아니든 서로의 신경을 긁는 경우가 늘어난다. 대부분의 경우 앞서 이야기한 '고양이'와 '사자'의 악순환과 관련된다.

흔한 상황으로 다음과 같은 경우가 있다. 중견 기업의 부장인 백승민씨는 쉰 살이었다. 특별히 성격이 모나지는 않았지만 업무에 있어서는 깐깐한 편이었고, 부하 직원들이나 몇 안 되는 입사 동기들과도 살갑게 지내는 편은 아니었다. 퇴직도 얼마 안 남은데다 1~2년 내로 임원으로 승진하지 못하면 직장을 그만둬야 할 수도 있었기에 승진 문제로 스트레스가 많았다.

올해 임원 승진을 기대했지만 바람과 달리 승진 인사 명단에 포함되지 못했다. 백부장은 다소 의기소침해져서 회사 옆편 화단으로 나가 담배를 한 대 피우고 있었다. 그때 언뜻 고개를 돌려 현관 쪽을 보니 부하 직원 두엇이 나오려다가 몸을 돌려 되돌아가는 모습이 보였다. 그러잖아도 승진 인사 명단에서 누락돼 자존심에 상처를 입었는데, 직속 부하 직원들마저 자신을 피한다고 생각하니 더 속상했고, 그 직원들이 괘씸하기까지 했다. 이날 오후 내내 백부장은 사무실에서 유달리 업무와 관련해 부하 직원들을 계속 야단쳤고, 사무실 분위기는 살얼음판 같았다.

백부장 입장에서는 승진 인사 명단에서 누락돼 인정 욕구의 좌절과 함께 자존감이 크게 상처를 입은 '고양이' 상태였다. 그런 상황에서 부하 직원들마저 자신을 무시한다는 자괴감에(더 깊이 상처 입은 여린 고양이의 상태), 그의 내면의 상처 입은 고양이는 더 심하게 울었다. 그럴수록 더 성난 사자의 모습이 나타났던 것이다(투쟁 반응).

반대로 부하 직원들은 그러잖아도 심기가 불편한 부장 옆에 갔다가 무슨 실수라도 할까봐 미리 피했던 것이다. 이는 전형적인 도피(회피) 반응으로, 직원들은 자신의 내면에 있는 여린 고양이, 즉 인정이나 자존감과 관련한 부분이 혹여 상처를 입을까 하는 불안감에 지레 피한 것이다. 그러나 부하 직원들의 이러한 행동은 본의 아니게 부장을 더 자극했고, 결국 엇나가는 소통에 따른 상호 간의 악순환이 그날 오후 내내 일어난 것이다.

투쟁이냐 도피냐, 그것이 문제로다

부부싸움도 비슷한 방식으로 이해할 수 있다. '부부싸움은 칼로 물 베기'라고들 하지만, 어쩌면 실제로는 그렇지 않기 때문에 그리 말하는 게 아닌가 싶다. 부부싸움만큼 필사적이고 처절한 싸움이 있을까. 부부싸움은 나중에 돌아보면 대체 무엇이 발단이었는지 잘 기억나지 않을 정도로 사소한 일로 시작되는 경우가 많다. 시작은 사소하지만 상대방의 인정 욕구나 자존감과 관련된 문제를 건드는 순간 뇌관이 터지면서 폭발적으로 '고양이와 사자의 악순환'으로 들어서는 경우가 흔하다. 물론 필자에게도 쉽지 않은 일이지만, 배우자가 사자로 돌변하는 것을 보고 싶지 않다면 상대의 약점(주로 인정, 특히 자존감과 관련한 부분)은 절대 건들면 안 된다. 상대의 부모나 본가, 친정과 관련된 부분을 건든다거나 부부싸움을 할 때 실수로 혹은 고의적으로 "너는 원래~" 식의 발언을 할 경우 상대방의 내면에 도사리고 있는 여린 고양이를 밟아서 사자의 거친 가면을 씌우는 결과를 초래하게 된다.

참 묘하게도, 대개 부부싸움은 상대방의 여린 고양이만 찾아서 공격하려고 애쓴다. 공격하는 사람 또한 '밀리면 끝장이다'라는 두려움이 가득한 고양이 상태가 되기 때문이다. 따라서, 모든 관계도 그렇지만 모든 싸움, 특히 부부싸움을 할 때는 성난 사자로 돌변한 배우자의 이면에 여린 고양이가 떨고 있음을, 성난 사자의 실체가 실은 사자의 갈기를 뒤집어쓴 고양이라는 사실을 늘 명심해야 한다. 동시에 사자가 되어 상대방을 공격하려는 자신의 내면에도 스스로 외면하고 싶고 인정하고 싶지 않은 여린 고양이가 있음을 늘 잊지 말아야 한다.

부부싸움의 경우 투쟁(공격)-투쟁(공격) 반응만 존재하는 것은 아니다. 삼십대 중반의 이미선씨는 부부 문제로 외래를 찾았다. 시댁 식구들과의 갈등 때문에 남편과 몇 번 크게 다퉜다고 했다. 그후 남편은 제대로 대화할 의지를 보이지 않아 반년째 대화가 거의 단절된 채 각방을 쓰고 있다고 했다. 결혼한 지 4년째인 이 부부에게는 두 돌 된 사내아이가 하나 있었다. 이미선씨는 시부모가 불쑥 집을 찾아오는 일이 잦아서 불만이었다. 아이를 낳고 한창 힘든 시기, 아이를 봐준다는 명목으로 시부모가 더 자주 집에 찾아왔다. 시부모가 아이를 보는 동안 식사 준비부터 온갖 수발까지 모두 미선씨의 몫이었다. 밤마다 자주 깨는 아이 때문에 잠도 부족한데 낮 동안 시부모 수발까지 드느라 밤낮으로 쉬지 못하는 날이 많아졌고, 급기야 이를 남편에게 터뜨렸다(투쟁 반응).

미선씨의 이런 반응에 남편은 똑같은 투쟁 반응, 즉 사자의 탈을 쓴 모습으로 반응했다. 남편의 반응은 다시 미선씨를 자극했고 미선씨가 한 시간 넘게 불만을 토로하자 남편은 결국 입을 다물었다. 그 뒤로 미선씨가 이 문제를 해결하자고 얘기만 꺼내면 남편은 침묵으로 일관했다. 그럴 때마다 남편이 자신을 아내로 인정하지 않고 무시하는 것 같았던 미선씨는 더 크게 분노했다. 그런 일이 몇 번 반복되자 둘 사이에 대화는 단절되었다. 결국 견디다 못한 미선씨는 상담실을 찾았다. 그녀는 남편과의 '대화'를 원했던 것이다.

미선씨와 남편은 각각 전형적인 투쟁 반응과 도피 반응을 보였다. 미선씨는 사자 같은 모습으로, 남편은 도망 내지는 전혀 반응하지 않는 시체 같은 모습으로 정반대로 행동했지만 핵심은 같았다. 둘 다 두려웠던 것이다. 본인의 인정 욕구가 상처 입을까봐, 여린 고양이의 솜털 같은 자존감에 상처 입을까봐 두려웠던 것이다. 남편의 심리적 위기 센서는 사자 같은 미선씨의 모습에 자극받아 그를 더 도망가게 하거나 반응하지 않게 만들었고, 이러한 남편의 모습은 본인의 의도와는 관계없이 미선씨를 자극해 더 사자 같은 모습이 튀어나오게끔 했다.

고양이와 사자의 악순환은 부모 자식 간에 극명히 드러난다

부부에 대한 이야기가 나온 김에 부모 자식 관계에 대해서도 얘기해보자. 중학교 2학년인 준수는 꿈이 많았다. 초등학교 때부터 미술에 소질이 있다는 말을 많이 들었던 터라 화가도 되고 싶었고, 최근에는 컴퓨터 게임에 빠져 프로게이머가 되고 싶기도 했다. 마냥 게임에 빠져 놀기만 하는 것은 아니어서, 비교적 공부도 잘하는 편이었다.

부모는 충분히 능력 있어 보이는 준수가 게임을 멀리하고 공부를 좀더 열심히 해서 성적이 반에서, 나아가 전교에서 손가락 안에 들었으면 하고 바랐다. 성적만 받쳐준다면 특목고에 보내고도 싶었다. 그러나 준수는 부모의 바람과 달리 행동했다. 그런 준수에게 부모 특히 아버지는 냉소적으로 핀잔을 하거나 화를 냈고, 심한 경우에는 한숨을 내쉬며 "그래 네가 뭘 하겠니"라며 멸시하기도 하였다. 그럴수록 준수는 엇나갔다. 귀가시간이 늦어지고 게임방에서 새벽까지 눌러앉아 있는 날이 늘어나 성적은 더 떨어졌다. 언젠가부터는 부모가 뭐라고 해도 들었는지 못

들었는지 무반응으로 일관하였고, 가끔은 엄마의 잔소리에 심하게 대들기도 하였다. 그럴수록 준수의 부모는 화가 났다. 엄마는 잔소리가 늘었고, 아버지는 친구 자녀들과 준수를 비교하며 한 번씩 폭발하곤 했다.

'고양이와 사자의 악순환'이 전형적으로 드러나는 관계 중 하나가 부모 자식 간의 관계, 특히 사춘기 자녀와의 관계다. 사춘기 아이들은 내외부적 자극에 매우 민감하다. 따라서 조금이라도 인정이나 자존감과 관련된 문제가 자극받으면 전형적인 스트레스 반응, 즉 심한 투쟁 반응이나 심한 도피 반응을 보인다. 반대로 준수의 반응이 이렇게 심해질수록 부모 또한 자신의 인정이나 자존감, 말하자면 부모로서의 역할 내지는 일종의 리더십에 자극을 받았다.

한 가지 흥미로운 점은, 각자의 성격이나 역학관계 등에 따라서 투쟁(공격) 반응과 도피(회피) 반응이 바뀌기도 한다는 것이다. 특히 직장 내에서 많은 경우에는 상사가 투쟁(공격) 반응을 보이고 부하가 도피(회피) 반응을 보이지만, 간혹 반대로 상사가 도피 반응, 부하 직원이 투쟁 반응을 보이기도 한다. 비슷한 직급에서 업무 분장이 잘 되어 있지 않아 부딪칠 가능성이 상존하는 경우나 서로 라이벌 의식을 느낄 수 있는 상황, 타 부서와 협업이 많이 필요한 경우에는 상대적으로 투쟁-투쟁 반응이 흔하다. 도피-도피 반응도 쉽게 볼 수 있다. 이런 경우는 겉으로 갈등이 드러나지는 않지만 내용상 봤을 때 투쟁-투쟁의 반응보다 업무나 조직 분위기에 훨씬 부정적인 영향을 끼칠 수 있다. 미선씨와 남편의 경우는 투쟁-도피 반응이었고, 백부장과 부하직원들의 경우도 역시 투쟁-도피 반응을 보였다고 할 수 있다. 준수와 부모의 관계는 도피-투쟁 반응이었다.

투쟁 반응은 상황이나 사람에 따라 조금씩 변형된다. 화를 내는 것부터 어떻게 대응해야 할지 고민스럽게 하는 깐죽거림이나 은근슬쩍 날리는 견제구, 자존심을 건드는 상사의 비아냥, 아내나 남편의 잔소리(본인은 잔소리라고 생각지 않는 소위 입바른 말도 여기에 포함된다) 등이 모두 공격 내지 투쟁 반응에 해당한다.

나는 아직도 사람이 어렵다

사실 당신을
힘들게 하는 건
'그'가 아니라
'나'다

지금까지는 관계에 있어서 상대방의 심리나 행동의 역학에 대해 주로 살펴봤다. 여기서 한 가지 의문이 들 수 있다. 그렇다면 그 관계에서 '나'의 역할, '나'의 심리는 어떠한가라는 물음이 바로 그것이다.

남에게는 관대하고, 나에게는 막 대하다

인정 및 자존감 유지에의 욕구와 그에 관련된 불안, 그리고 방어로서의 공격성 문제는 '나'에 대해서도 똑같이 적용된다. 이십대 초반의 대학 4학년 학생인

이현정씨는 취업 준비로 스트레스가 많다며 찾아왔다. 그런데 상담을 해보니 정작 문제는 다른 곳에 있었다. 그녀는 부정적인 잡생각을 너무 많이 하고 늘상 피곤하다고 호소했다. 예전부터 그런 증상이 있어왔지만, 이로 인해 취업 준비에 어려움을 겪자 상담실을 찾은 것이었다.

상담을 하면서 전반적으로 그녀의 긴장도가 상당히 높다는 사실을 발견했다. 현정씨는 오래전부터 그랬고 다른 사람들의 긴장도가 어느 정도인지 가늠할 수 없었기에 자신의 긴장도가 높다는 사실을 잘 모르고 있었다. 그렇지만 그녀는 항상 온몸에 힘이 들어가 있다는 사실은 인식하고 있었다. 스트레스 상황이 닥치거나 긴장 상황이 되면 자신도 모르게 습관적으로 어금니를 악물어 양턱도 자주 아프다고 했다. 자려고 누워서도 이런저런 생각 때문에 푹 자지 못했다.

그녀는 소위 '착한이 증후군'이었고, '극소심'했다. 그녀는 최대한 남을 배려한다고 생각되는 방식으로 행동했다. 선배든 후배든 주위 사람에게 친절했고 힘들어하는 사람이 있으면 심리적으로든 물질적으로든 가능한 한 도와주려고 애썼다. 다른 사람의 부탁을 거절해본 적도 거의 없었다. 자신이 도저히 할 수 없는 일이라 어쩔 수 없이 거절할 때도 상대방이 상처를 받지 않았는지, 상대방이 기분 나빠 하지 않을지 신경쓰며 전전긍긍했다.

그녀는 거의 대부분의 시간 동안 이러한 문제에 대해 생각했으며, 한가할 때나 잠자리에 누워서는 '아, 그때는 이렇게 했

나는 아직도 사람이 어렵다

어야 하는데' '내가 말을 심하게 한 것 같은데 괜찮을까'처럼 지나간 일을 머릿속으로 되새기곤 했다. 누가 봐도 분명히 실수를 한 날이면, 하루종일 그 생각에 꽂혀 있기도 했다. 조금이라도 상처받는 게 싫어서 아무리 힘들어도 절대 남에게 부탁을 하지 않았고, 상대방이 부담스러워할까봐 자신의 속내를 털어놓거나 고민거리를 드러내는 경우도 거의 없었다. 그래서 그녀는 과에서 '착한 그녀' '친절한 그녀'로 통하고 있었다. 겉으로는 모든 사람과 두루 친한 것처럼 보였음에도 불구하고 누구와도 깊이 있는 관계를 맺지 못했다.

인정은 외부에서도 오지만 스스로의 내면에서도 온다. 현정 씨의 경우 자신에 대해 인정하는 부분이 매우 적었다. 자존감이 낮은 사람들의 특징이다. 현정씨는 결국 외부로부터 끊임없는 인정을 필요로 했다. 그런 연유로 자신 때문에 상대방이 상처를 받았는지 아닌지에만 몰두했지 그로 인해 자신이 얼마나 힘든지는 고려하지 않았다. 또한 끝없이 외부로부터 인정을 갈구하는 자신의 욕구가 자신을 얼마나 힘들게 하는지도 깨닫지 못했다.

현정씨 같은 성격의 사람들은 남에게는 매우 관대해 보이지만 정작 자기 자신에게는 대단히 가혹한 경우가 많다. 인정이나 자존감의 유지와 관련된 불안, 두려움으로 인한 사자 반응이 외부가 아닌 자신을 향하기 때문이다. 어째서 현정씨 같은 성격의 사람들이 외부로부터의 인정에 더 목마른 것일까. 왜 다른 사람보다 자신에게 가혹하며 사자가 되어 스스로에게 으르렁거리는 것일까. 이해를 위해 현정씨의 성장과정을 살펴보자.

현정씨는 두 살 터울인 언니가 있었는데, 현정씨가 일곱 살 무렵에 언니가 아프기 시작했다. 처음에는 단순한 빈혈인 줄 알았는데 급성 백혈병 진단을 받았다. 현정씨 집안은 순식간에 날벼락을 맞은 분위기가 되었다. 다행히 그후 몇 년간의 치료 끝에 언니는 완치 판정을 받았고 대학도 무사히 졸업하고 취직도 해서 직장생활을 하고 있었다. 문제는 현정씨가 부모의 보살핌을 받아야 할 시기에 부모의 모든 관심이 언니에게 집중됐다는 것이다.

그뿐이 아니었다. 정서적으로 감당하기 힘든 일을 당하면 많은 아이들이 그 상황을 자신의 탓으로 돌리거나 자신의 어떤 문제와 관련될 것이라는 일종의 환상을 갖게 된다. 현정씨도 비슷했다. 언니가 아플 때는 막연히 자신이 뭔가 잘못하고 있는 게 아닌가 하는 생각이 자꾸 떠올라 괴로웠다. 자신의 욕구를 부모에게 주장하거나 하다못해 작은 말썽이라도 피울 수 없었다. 심지어 '노'라고 대답하는 것은 상상할 수도 없었다. 그런 행동은 현정씨에겐 뭔가 잘못된 것, 부정적인 것이었고 그렇게 행동할 경우 자신이 나쁜 아이로 느껴졌기 때문이다. 현정씨는 철이 너무 일찍 든 애어른으로 성장했다. 결국 자신이 하고 싶은 것, 자신의 욕구를 절제하고 언니나 다른 가족들의 상황을 먼저 고려하는 방식으로 부모에게 인정받는 것이 그녀에게는 중요한 생존법이 되었다. 이러한 패턴은 성인이 된 후에도 일종의 프로그램처럼 그녀의 성격으로 굳어졌던 것이다.

유년 시절의 경험은
그 그림자를 오래 드리운다

유년 시절의 경험은 이처럼 종종 일생 동안 그 그림자를 드리운다. 정신분석학을 창시한 프로이트의 경우도 그 예로 들 수 있다. 저명한 정신의학사 연구자이자 정신분석가인 피터 게이Peter Gay에 따르면, 프로이트의 아버지인 야코프 프로이트는 1855년에 스무 살이나 연하인 아말리아 나탄존과 세번째 결혼을 했다. 지그문트 프로이트는 이들 부부에게서 태어난 첫번째 아이였다. 프로이트가 태어났을 때 그의 가계는 이미 상당히 복잡했다. 배다른 맏형이었던 에마누엘은 프로이트의 생모보다 나이가 많았고, 배다른 둘째 형이었던 필리프도 생모보다 겨우 한 살 어렸다. 어린 프로이트는 젊고 아름다운 자신의 어머니가 아버지보다 배다른 형이었던 필리프와 잘 어울린다고 느꼈다. 그 와중에 두 살 터울로 여동생까지 태어났다. 어머니를 차지하기 위한 경쟁에서 아버지, 배다른 형 필리프, 동생 등 경쟁자가 너무 많아진 것이다. 분명치는 않지만 프로이트는 보모가 자신에게 성적性的인 교사(?) 역할을 했다고 간접적으로 암시하는 말을 한 적도 있다고 한다. 흥미롭게도 프로이트는 오이디푸스 콤플렉스로 널리 알려진, 이성의 부모를 두고 동성의 부모와 경쟁하는 무의식적 심리와 성性에 관한 주제 연구에 일생을 바쳤다.

프로이트와 그의 아버지에 관한 유명한 일화도 있다. 프로이트는 오스트리아의 빈에 살았는데, 열 살 무렵부터 아버지와 함께 자주 산책을 했다고 한다. 어느 날 산책중 그의 아버지는 빈에서의 유대인의 생활 여건이 전보다 나아졌다고 하면서 자신이 겪은 일을 얘기해주었다.

> **아버지** 내가 젊었을 때 말이다. 어느 날 새로 산 옷을 입고 새로 산 모피 모자를 쓰고 이 거리로 산책을 나왔었단다. 그때 한 기독교인이 갑자기 달려들더니 내 모자를 진흙탕에 던져버리면서 "이 더러운 유대인 놈아, 보도에서 당장 꺼져!"라고 외쳤지.
> **프로이트** 그래서 어떻게 하셨어요?
> **아버지** 도로로 걸어가서 모자를 주웠단다.

아버지의 의도와는 달리 이 이야기에 프로이트는 대단히 실망했다. 그는 이후 대제국 로마에 용감히 저항했던 카르타고의 명장 한니발과 자신을 동일시했다. 아버지에 대한 실망감을 이상적인 아버지의 모습을 가진 사람으로 대체했던 것이다. 성인이 되어서 프로이트는 몇 차례 로마 여행의 기회가 있었는데, 매번 애매한 문제 때문에 로마행을 포기해야 했다. 그러다 자기분석과정에서 자신이 한니발과 자신을 동일시했었다는 사실과 한

니발이 전쟁 때 결국 로마에 입성하지 못했다는 사실을 깨닫고서야 비로소 로마에 들어갈 수 있었다. 인간관계에 있어서 프로이트는 남자들과는 초기에는 관계가 좋거나 상대를 상당히 이상화했다가 좋지 않게 헤어지기를 평생 반복했다. 익히 알려진 카를 융과의 결별을 비롯해서 그는 거의 모든 남자 제자들과 불화했고, 결국 모두 그의 곁을 떠났다.

유년 시절에 어떻게 양육되었는가와 어떤 경험을 했는가는 이처럼 알게 모르게 여러 가지 방식으로 각자의 삶에 오랫동안 영향을 미친다. 누구나 마음속 작은 구석방에 '어린아이'가 숨어 있다. 특별한 계기가 없는 한 그 방에서는 사람이 늙어 죽을 때까지도 시간이 흐르지 않는다. 평소에는 잘 보이지 않는 구석방에 숨어 그 존재를 인식할 수 없는 우리 마음속 아이는, 어떤 계기나 상처에 의해 갑자기 깨어나 소리 없이 울곤 한다.

**'의지로 이겨내면 되잖아.
나약한 인간들 같으니라고'**

이영수씨는 사십대 중반의 회사원이었다. 성취욕이 많았고 자리 욕심과 부에 대한 끝없는 갈망이 있었다. 남부럽지 않게 살면서도 그는 늘 뭔가가 부족하다고 느꼈고, 동료나 후배가 좋은 성과를 올리면 자신과 직접적인 상관이 없어도 다른 사람들 앞에서 은근슬쩍 깎아내리는 말을 하곤 했다. 대단히 열정적으로 그리고 공격적으로 일해서, 조금

유년 시절의 경험은 종종 일생 동안 그 그림자를 드리운다.
누구나 마음속 작은 구석방에는 '어린아이'가 숨어 있다.
평소에는 잘 보이지 않는 구석방에 잠들어 있어
그 존재를 인식할 수 없는 아이는,
어떤 계기나 상처에 의해 깨어나 소리 없이 울곤 한다.

이라도 일처리가 어설픈 부하 직원이 있으면 눈물이 쏙 빠질 정도로 야단을 쳤다. 회의 석상에서도 본인이 생각했을 때 틀렸다 싶으면 아무리 상사라고 해도 분명하게 지적을 해서 상대의 자존심을 상하게 하는 경우도 있었다. 그는 스트레스 때문에 힘들다는 사람을 이해할 수 없었다.

'아니, 의지로 이겨내면 되잖아. 나약한 인간들 같으니라고.'

그의 스트레스 해소법은 술이었다. 그런데 이 술이 한 잔 두 잔 늘더니 급기야 반주로 저녁마다 소주 한두 병 이상을 마시지 않으면 가슴이 답답하거나 속이 허해서 견디기가 힘들었다. 결국 술 문제 때문에 조금씩 건강에 무리가 오자 스트레스 클리닉을 찾았다. 물론 본인의 의지로 온 것은 전혀 아니었고, 필자의 지인에게 소개를 받은 가족들이 딱 한 번만, 가보기만 하자고 통사정해 온 것이었다.

그를 처음 봤을 때 '강한 사람'이라는 인상을 받았다. 그는 마음이나 내면, 감정 등에 대해서는 관심이 없었고, 이를 중요시하거나 그로 인해 상담을 받는 사람들은 의지가 박약하다고 생각했다. 아내와 대화를 할 때도 그는 감정적인 측면에 대해서는 애써 무시하거나 외면하곤 했다. 아내는 아내대로 남편과 감정과 관련된 대화가 어렵다며 힘들어했다.

한마디로 그는 '강함 콤플렉스'에 빠져 있었다. 겉으로는 사자처럼 강한 모습을 보였지만, 강해 보이는 모습 이면에는 여린 고양이가 자리잡고 있을 것이 분명해 보였다. 그래서 첫 만남에서는 상담을 너무 깊게 들어가지 않고 오히려 적당히 여지를 두는 선에서 상담을 끝냈다. 상담을 받는다는 게 꼭 약한 것과 같지는 않다고, 소나무처럼 우뚝 솟아 화려하게 가지를 뻗은 나무는 강해 보이지만 태풍에 부러지기도 한다고, 도리어 약해 보이는 갈대가 훨씬 더 질기고 강하기도 하다고, 어떤 게 진정으로 약한지, 어떤 게 진정으로 강한지에 대해서 생각해볼 여지가 있지 않겠느냐는 정도로 마무리했다. 그러고는 '물론 오시느냐 마느냐는 이선생님께서 자유롭게 선택하시면 됩니다만, 아무리 뛰어난 운동선수도 가끔 원 포인트 레슨을 받는 것처럼 다음 면담도 한번 생각해보셨으면 좋겠습니다' 정도로 선택에 대한 여지를 충분히 남겨두었다.

그가 상담실을 다시 찾을지 아닐지 그 가능성은 사실 반반이었다. 다행히 일주일 뒤, 그는 클리닉을 다시 찾았다. '밑져야 본전'이라고 생각하고 몇 번 더 와보기로 했다고 말했다. 필자는 그렇게 가신 뒤에 이렇게 다시 오기가 쉽지 않은데 어려운 결정 하셨다고, 잘 하셨다고 칭찬하는 말을 건넸고, 조심스러운 접근 끝에 면담을 이어갔다. 면담이 계속될수록 조금씩 의외의 내용이 드러나기 시작했다.

불같고 강한 그의 성격은 몇 년 전 사망한 부친과 무척 닮아 있었다. 그의 아버지는 고등학교 수학 선생님이었는데, 성취 지

나는 아직도 사람이 어렵다

향적이고 출세욕이 많았음에도 가정 형편 때문에 교편을 잡은 것이 늘 불만이었다. 술을 마시고 집에 들어올 때가 잦았고, 취해서 밤 늦게 들어왔을 때 이영수씨가 공부를 하지 않고 잠들어 있으면 난리가 났다. 가끔 아버지가 직접 수학을 가르치기도 했는데, 제대로 답을 못 하면 바로 불호령이 떨어졌고 심한 경우 따귀를 맞기도 했다. 게다가 그런 일이 생기면 영수씨만 혼나는 것이 아니라 어머니가 더 야단을 맞아서 영수씨는 어머니에게 죄책감을 느꼈다.

결국 그의 '강함 콤플렉스'는 유년 시절의 훈육과 관련된 '약해짐'에 대한 두려움 때문이라는 사실이 밝혀졌다. 그가 약해져서 졸거나, 약해져서 게을러지는 것은 곧 아버지의 불호령, 그리고 늘 자신을 희생과 정성으로 돌봐주던 어머니의 눈물을 의미하는 것이었기 때문이다. 결과적으로 그의 음주 문제와 스트레스 상황은 외부적인 문제 이전에 근본적으로 내면의 두려움으로 인해 사자의 가면을 계속 쓰고 있었기 때문이었다. 이러한 문제가 그를 끊임없이 벽으로 몰아붙였던 것이다. 그는 자신의 이런 면에 대해 조금씩 인지하면서 많은 눈물을 흘렸다. 눈물은 나약함의 상징이라고 생각했던 그였기에 어린 시절을 이야기하면서 주체할 수 없이 눈물이 쏟아지자 당황하기도 했다. 하지만 자신의 강함이 결국엔 일종의 '강한 척'이었음을 받아들이면서 조금씩 마음에 여유가 생기기 시작했다.

인정이나 자존감 유지 욕구와 관련된 두려움 또는 좌절, 그리고 그로 인한 자신에 대한 공격 반응이 얼마나 극단적인 결과까지 가져올 수 있는가는 몇 년 전 세간을 떠들썩하게 했던 한 사건에서도 알 수 있다.

2010년 새해 벽두, 한 중년 남성이 평일 대낮에 투신자살을 했다. 그것도 수십억 원을 호가하는 강남의 큰 아파트에서. 향년 51세, 한창 정열적으로 일할 나이였다. 이 사건은 공중파 뉴스와 모든 일간지에 대서특필됐다. 서울대 공대를 졸업하고 미국의 유명 대학에 유학해서 박사를 받은 후 계속 승승장구해온 그는 삼성전자 부사장 자리에까지 올랐다. 삼성에서도 몇 안 되는 'S급' 인재로 꼽히는 사람이었다. 세속적인 기준으로 보자면 까마득한 위쪽에 있는 사람이었던 셈이다.

그의 자살 원인을 두고 수많은 추측성 발언이 떠돌았다. 삼성이라는 기업에 대한 것부터, 우리 사회의 구조적인 문제, 우울증이나 업무 스트레스와 같은 차원의 문제까지. 실제로 어떤 성격의 인사 발령이었는지는 정확지 않지만, 그는 자신의 발령을 좌천이라 여겼고 그로 인한 낙심과 스트레스가 자살의 원인으로 작용했다는 얘기도 있었다. 이 사건 이후 삼성 그룹은 국내 최초로 그룹 전체 임원들을 대상으로 매년 1회씩 스트레스 검진 프로그램을 전격 시행하게 되었다.

아직까지도 그의 자살 원인을 놓고 심리학적으로 의견이 분분하다. 필자는 정황상 그가 자신의 발령을 좌천으로 느꼈을 가능성이 커 보인다고, 그러한 상황에서 남들이 어떻게 보든지 스스로는 자존감에 상당한 타격을 받았을 것이라고 판단한다. 내면의 여린 고양이가 크게 상처를 입으면 공격 반응과 회피 반응이 뒤섞일 수밖에 없는데, 자신을 향한 강한 공격 반응, 강한 사자 반응이 곧 자신에 대한 강력한 처벌, 극단적으로는 죽음으로까지 이어질 수 있는 것이다.

차라리 혼자이고
싶겠지만……
누구도 혼자
살 수는 없다

　　　　　　　　　서른 후반의 가정 주부였던 김은
희씨는 소위 '까도녀'였다. 상대방이 조금만 기분 상하게 하면
그 사람과는 관계를 끊어버렸다. 경우에 따라서는 그 자리에서
쏘아붙이곤 해서 사람들이 근처에 가기를 어려워했다. 상대가
별 의도 없이 가볍게 농담을 던져도 자신에 관한 부분이 조금이
라도 섞여 있으면 왠지 그 사람이 자신을 무시하는 것 같아 속상
해했다.

　　겉보기에는 외모도 상당히 지적이고, 가정 환경도 별로 아
쉬워 보이지 않아서, 주위 사람들은 그녀가 도도하고 자존심이
세다고만 여겼다. 그러다보니 그녀 주위에는 사람이 없었고, 늘

외로웠다. 그렇다고 자신이 먼저 손을 내밀어 누군가에게 다가가자니 자존심이 상했다. 그녀는 상처받는 것을 두려워했다. 그 두려움이 성게의 가시 같은 까칠함을 만들었다. 상처받는 게 싫고 두려우니 대외 활동이 어려웠다. 게다가 어떤 관계에서 조금이라도 상처를 받으면, 그 사람에게 화가 나는 것은 둘째치고, 시간이 지나면서 그 분노가 자신을 향했다. 그럴 때마다 자신이 한없이 싫고 미워지면서 우울해지는 양상이 반복되었다. 그녀는 점차 고립되어갔다. 의도한 바는 아니었을지 몰라도 두려움, 즉 인정 욕구와 자존감 유지 욕구에 상처를 입을지도 모른다는 두려움이 그녀를 스스로 유배시켰던 것이다.

혼자는 외롭고, 둘은 괴롭다?

정도의 차이는 조금씩 있을지 몰라도, 김은희씨 같은 경우는 우리 주위에서 어렵지 않게 볼 수 있다. 이 책을 읽는 분들 중에서도 비슷한 경우가 꽤 있을 것이다. 혼자는 외롭지만, 둘은 괴로운 사람들…… 누군가와의 관계가 힘들고 버거워 차라리 아무와도 관계를 맺고 싶지 않을 때가 있다. 열 일 제쳐두고 무인도에 가서 한세월 살아보고픈 충동이 생길 때가 있다. 그렇지만, 불행히도 그럴 수 없으리라는 사실을 우리는 너무나 잘 알고 있다.

지금까지 우리가 살펴본 바를 염두에 두고 김은희씨의 문제에 대해서 두세 가지로 정리해볼 수 있다.

그녀는 철저하게 자신의 입장, 자신의 시선에서 다른 사람과 세상을 봤다. 앞서 소개한 샐리-앤 테스트에서 우리는 공이 이미 바구니에 없음을 알고 있음에도 불구하고 돌아온 샐리가 바구니를 먼저 뒤져볼 것이라고 답했다. 즉, 내가 아는 것, 내가 생각하고 느끼는 것과 샐리가 처한 상황에서 샐리가 알고 판단하는 것이 다르다는 것, 다를 수 있다는 사실을 우리는 충분히 알고, 우리의 입장이나 시선이 아닌 샐리의 입장이나 시선에서 판단했기 때문에 그렇게 답했다. 이런 실험은 쉽게 통과하면서도 김은희씨의 상황처럼 현실에 적용된 테스트에 대해서는 상당수가 쉽게 통과하지 못한다.

가벼운 농담뿐만 아니라 다른 사람에게 조금만 상처를 입어도 자신이 무시당한다고 생각했던 김은희씨는 결국 자기 스스로에 대한 자세가 문제였다. 자기 자신에게 관대하지 못했기에 다른 사람들도 자신을 그렇게 볼 것이라고 지레 여겼던 것이다. 실제로 다른 사람이 자신을 어떻게 생각하느냐에 대해서는 객관적으로 확인한 적이 전혀 없으면서 말이다.

이처럼 진짜 원인은 자기 안에 있는데 외부에 문제의 열쇠가 있는 것처럼 느끼는 것을 프로이트는 투사projection라 명명했다. 그렇지만 이런 경우 과연 객관적인 확인이 가능할까. 어떤 증거를 들이대도 그녀는 '확인'되지 않을 것이다. 이런 경우의

나는 아직도 사람이 어렵다

혼자는 외롭지만, 둘은 괴로운 사람들……
누군가와의 관계가 힘들고 버거워
차라리 아무와도 관계를 맺고 싶지 않을 때가 있다.
열 일 제쳐두고 무인도에 가서
한세월 살아보고픈 충동이 생길 때가 있다.
그렇지만, 불행히도 그럴 수 없으리라는 사실을
우리는 너무나 잘 알고 있다.

사람들은 대개 철저하게 자신의 세계에 갇혀 있기 때문에, 아니 스스로를 가두고 있기 때문이다.

김은희씨의 두번째 문제는 인정과 자존감에 대한 문제였다. 그녀처럼 소위 '자존심이 세다'고 표현되는 사람은 실상 백 퍼센트 정반대라고 생각해도 좋다. 흔히 자존심이 세다고 표현하는데 이는 자존감이 낮다는 말과 다름없다. 이는 자기 스스로에 대한 인정이 부족하다는 뜻이자, 자신에 대해 지나치게 가혹하다는 말이다. 자신의 내부에서 스스로에 대한 인정이 부족하니 외부로부터의 인정이 필요했다.

여기에 그녀의 두번째 문제의 핵심이 있었다. 그렇게 외부로부터 끊임없는 인정을 필요로 하다보니 그게 가능하지 않을 것 같다는 불안과 두려움 또한 한이 없었다. 그러한 두려움이 결국 대외적으로는 너무도 세 보이는 가시나 사자의 가면, 갑각으로 바뀌어서 나타났던 것이다. 그래서 그녀는 외부로부터의 인정에 목마르면서도 그 두려움으로 인해 외부로 손을 내밀 수가 없었고, 자신도 모르는 사이에 아무도 자신에게 다가오지 못하도록 하는 딜레마에 처했다.

세번째로 인정 욕구나 자존감에 상처를 받으면 그에 따른 격렬한 사자 반응이 자신을 향하게 되어 스스로를 탓하고 결국 우울해지게 되었던 것이다.

살면서 우리는 참 많은 스트레스를 받는다. 밤하늘에 빛나는 수없이 많은 별들, 그 별 너머의 먼지만큼이나 많은 수의 스트레스가 있지 않을까. 그럼에도 어쨌든 살아가기 위해서, 우리에게는 두 가지 전략이 필요하다. 다음 장에서 살펴볼 외부에 있는 사자 달래기 그리고 내 안에 있는 사자 달래기다.

3장

상처받지 않고,
상처주지 않고
관계 맺는 법

'그의 문제'를 '나의 문제'로 받아들이지 마라

프랑스의 작가 미셸 투르니에는 사람들이 표정, 손짓, 몸짓, 발걸음 등으로 자신을 표현하지만 "등은 거짓말을 할 줄 모른다"고 뒷모습에 대해 이야기한 바 있다.

지금까지 해온 얘기와 거의 같은 얘기다. 뒷모습이 진실이다. 그리고 그 뒷모습은 늘 앞모습과 반대다. 빛 때문에 그림자가 생기고, 그렇게 생긴 명암은 정반대의 색인 것과 같은 원리다. 양각은 반드시 정반대의 음각을 전제로 한다. 까칠한 사람치고 여리지 않은 사람이 없고, 잘난 체하는 사람 중에서 열등감이 없는 사람이 없다.

어딜 가서든 쓸데없이 "사장 나오라"라며 고함치는 사람은 자존감이 낮은 사람이다. 정말 돈이 많은 사람들은 어디 가서 돈 많다고 자랑하지 않는다. 마찬가지로 자신이 권력자임을 아는 사람은 어디 가서 권력 자랑을 하지 않는다. 지레 두려운 고양이 같은 사람들, 인정이나 자존감에 상처 입을 것이 두려운 작은 강아지 같은 사람들이 자꾸 소리 높여 짖는다. 다만, 우리가 그 상황에 처하면 우리에게 그 뒷모습은 잘 보이지 않는다. 우리에게는 대개 앞모습만 보이기 때문이다.

그렇기에 더더욱, 힘든 관계일수록, 갈등 상황일수록 상대의 앞면과 반대되는 뒷면이 있다는 사실을 반드시 기억하라. 즉 공격적인 행동이든 회피적인 행동이든 관계에서 뭔가 문제가 발생할 때는 반드시 그와는 정반대의 약함과 두려움이 존재하고, 그게 핵심 문제를 일으킨다는 사실을 인식해야 한다. 우리가 상대해야 하는 것은 바로 후자다. 정문에 늘 사자가 버티고 있는 사람들, 또는 누군가가 일시적으로 사자처럼 돌변할 때, 우리는 정문이 아니라 여린 고양이가 웅크리고 있는 뒷문으로 들어가야 한다.

뒷문으로 들어가는 것에는 몇 가지 기본적인 원칙이 있다. 일단 사자든 고양이든 상대하기 전에, 문제 상황에서 '나'의 문제와 '너'의 문제를 먼저 구분해야 한다. 이 구분이 어느 정도 이루어진 다음, 뒷문에 웅크린 여린 고양이에게 말을 건다. 다시 말하지만 뒷모습은 앞모습과 늘 정반대다. 상대의 여린 뒷모습에 말을 거는 것은 공감과 인정의 다른 이름이다. 상대가 사나운 사자로 돌변하거나 자꾸 슬슬 피하는 경우에는 인정이나 자존감 유지 문제와 분명히 관련된다는 사실을 인식해야 한다. 따라서, 이 경우 절대로 상대의 근본적인 자존감과 관련된 문제는 건들지 않아야 한다. 마지막으로 도망갈 여지, 면목을 세울 수 있는 최소한의 여지를 반드시 남겨주어야 한다.

'나도 잘못이 있겠지만, 문제의 핵심은 그게 아니야'

앞서 샐리-앤 테스트에서 '샐리는 바구니를 먼저 뒤져볼 것'이라고 답했듯이 우리는 그 상황 밖의 관찰자인 우리의 입장과 당사자인 샐리의 입장이 다르다는 것, 즉 우리의 문제와 샐리의 문제가 다르다는 사실을 인지하고 있다. 세상일이 이렇게 간명하게 정리될 수만 있다면 얼마나 좋겠느냐마는, 불행히도 이 세상에서는 당사자로선 그 구분이 쉽지 않은 일이 빈번히 일어난다.

종합상사에서 대리로 근무중인 박영준씨는 김진수 과장 때문에 스트레스가 많았다. 자신의 직속상관은 아니었지만, 같은 사무실 상사라 쉽게 대할 수만은 없는 인물이었는데 김진수 과장이 다소 삐딱한 성격인데다 늘 옆에서 한마디씩 툭툭 던지는 스타일이었기 때문이다. 어떤 식으로 하라고 충고하는 것도 아니고, 다른 사람과의 대화를 옆에서 가만히 듣다가 혼잣말로 빈 정거리듯이 한마디씩 던졌다.

부장이나 차장은 그런 김과장에 대해 '원래 그런 사람이려 니' 하고 적당히 무시했다. 좀 과하다 싶을 때면 "아, 저 녀석 또 저러네. 야, 분위기 좀 썰렁하게 만들지 마" 하는 정도로 가볍 게 넘어갔다. 하지만 아랫사람인 박대리는 어떻게 반응해야 할 지 몰라 난감할 때가 많았다. 자신의 사수인 정영범 과장에게 술 자리에서 슬쩍 김과장 문제를 상의해보기도 했으나, 정과장은 웃으면서 "원래 성격이 좀 모난 놈이야. 특별히 너한테만 악의 를 가지고 하는 말이 아니니까 그냥 적당히 무시해" 정도로만 대답해주었다. 그럼에도 불구하고 박대리는 김과장이 한마디 던 질 때마다 계속 신경이 쓰였고 자신이 뭔가 부족한 게 아닐까, 좀더 잘해야 되는 게 아닐까 걱정하며 스트레스가 심해지는 바 람에 결국 원형탈모증까지 생겼다.

초반 상담에서 박대리의 심한 스트레스 원인 중 김진수 과 장의 문제와 자신의 문제를 거의 구분하지 못한다는 사실이 두 드러졌다. 즉, 박대리는 머리로는 그렇지 않다고 생각하면서도 김과장의 깐족거림이 자신의 능력이나 인정에 대한 문제와 직 결된다고 느꼈다. 이에 반해 다른 사람들은 김과장이 '그냥 원래 성격이 그런 녀석이니까' 하며 그 깐족거림은 김과장의 문제지 그 대상인 박대리 같은 사람의 문제는 아니라고 생각했다. 즉 박대리는 '그의 문제'를 '나의 문제'로 받아들여 힘들어하는 경우였다.

정도가 더 심해 극심한 혼란감을 겪는 경우도 있다. 몇 년 전 배우 김명민이 주연했던 인기 드라마 〈베토벤 바이러스〉에는 다음과 같은 대사가 나온다.

"니들은 내 똥덩어리야!"

이 한마디에, 관련된 사람들은 바로 공황 상태에 빠졌다. 이렇게 트라우마가 남을 만한 사건을 겪으면 사람들은 일시적으로 극도의 혼란 상태를 겪는다. 그렇지만 자신이 어떤 상황에 처했는지, 대체 누가, 뭐가 문제인지 계속 구분하고 정리하려고 애쓴다. 하지만 아이러니하게도 이런 상황에서는 구분 능력이 일시적으로 감소된다.

그러다 시간이 지나면 많은 경우가 자기 안에서 그 이유를 찾으려 애쓴다. '내가 뭔가 잘못해서 그런 게 아닐까' '그 사람 말이 너무 심하긴 했지만, 사실 나도 별 자격은 없어' 등등으로 자기 탓을 하게 된다는 뜻이다(이러한 과정에 대해서는 다음 장에서 좀더 자세히 다루겠다). 강마에(김명민 분)에게 그 이야기를 들은 사람들은 분명 실력도 프로의식도 부족했지만 그렇다고 해서 '똥. 덩. 어. 리'라는 대단히 비인간적이고 비인격적인 모욕을 받을 이유는 전혀 없었다. 이 두 가지 문제는 분명히 구분되어야 하는 것이다.

나는 아직도 사람이 어렵다

관계에 문제가 생겼을 때는
자신의 문제와 상대의 문제를 구분해야 한다.
하지만 상당수의 사람들이 그러한 구분을 제대로 못 하고
그로 인해 심한 스트레스를 받기도 한다.

전혀 예기치 못한 봉변(?)을 당했던 김미연 과장의 이야기로 돌아가보자. 지금 담당 박수진 과장에게 봉변을 당한 후 첫 면담에 왔을 때, 김미연 과장 역시 상황에 대한 '교통정리'가 전혀 이뤄지지 않고 있었다. 몇 번의 상담 이후 그녀가 자인한 바처럼, 다소 '오버'하면서 박과장의 영역일 수도 있는 문제에 경솔하게 접근한 것은 실수 내지 문제였을 수 있다. 그렇다고 해서 그쪽 부서 부하 직원들이 모두 있는 자리에서 김미연 과장이 박과장에게 면박을 당해도 싼 것은 아니다. 김과장은 모든 생각을 동원해서 박과장이 왜 그런 행동을 했는지 이해하려 애썼다. 그와 동시에 자신의 문제와 상대인 박과장의 문제를 뭉뚱그려서 그 상황을 납득 가능케 할 어떤 끈을 찾기 위해 머리를 싸맸다.

첫 면담에서 어느 정도 관계가 형성되고 나서 필자는 바로 그 구분을 시도했다. "맹수는 쓸데없이 짖어대지 않습니다. 무언가가 두렵거나 약한 미물이 쓸데없이 짖어대거나 불필요하게 발톱을 세우는 거지요. 자존감이 높은 사람이라면 절대 그렇게 빈 깡통처럼 요란하게 굴 리가 없습니다"라는 식으로 말이다.

김미연 과장의 실수나 문제와는 관계없이, 박과장의 반응을 통해서 박과장의 문제를 유추해서 한 말이다. 자신의 문제와 상대의 문제가 어느 정도 구분되자 김과장은 감정을 가라앉히고 사태를 좀더 이성적으로 바라볼 수 있게 되었다. 혼자서도 어느 정도 이런 구분이 가능할 수 있고, 속을 터놓을 수 있는 지인이나 멘토 격인 사람들의 의견을 듣는 과정에서도 이는 일정 부분

가능하다. 중요한 것은, 그런 상황에 처했을 때 일단 그러한 구분부터 하려고 노력해야 한다는 것이다.

성난 사자를 다루는 기본자세, 인정과 공감

상대의 문제와 나의 문제의 구분이 어느 정도 가능해지면 사자 같은 또는 갑각류 같은 상대의 뒤로 돌아가 뒷문을 열고 그 안에 웅크린 여린 고양이에게 말 걸기를 시도해보자.

성난 사자를 다루는 가장 기본적인 자세와 태도는 뭐니뭐니 해도 인정과 공감이다. 얕은수로 상대방을 조종해보려는 마음을 조금이라도 갖는다면 이 방법은 실패하기 마련이다. 겉으로 드러나는 모습 이면에 정반대의 모습이 있다는 사실을 생각하고, 그 뒷문에 자리잡고 있는 고양이가 어떤 마음일지를 이해하고 배려하는 것이 바로 공감이다.

『칭찬은 고래도 춤추게 한다』라는 책이 인기를 끈 적이 있었다. 일견 맞는 말이다. 그렇지만 칭찬도 적절히 하는 것이 중요하다. 경우에 따라서는 도리어 칭찬받는 상대의 자존감을 더 떨어뜨릴 수도 있다. 중요한 것은 '적절성'이다. 적절한 칭찬은 상대에 대한 인정과 다름없다. 적절한 인정이 얼마나 큰 위력을 발휘하는가에 대한 극적인 일화가 하나 있다. 프로이트가 인간의 마음을 이해하는 획기적인 방법으로 정신분석학을 창시한 이

후 걸출한 학자들이 많은 이론과 경험을 덧붙임으로써 이 이론의 결이 대단히 풍부해졌다. 이에 기여한 인물 중 하나가 하인즈 코헛Heinz Kohut이다. '자기심리학self psychology'이라는 정신분석학의 새로운 지류를 창시한 코헛은 주로 인정과 공감, 자존감 등과 관련된 측면에 많은 관심을 기울였다.

코헛이 만난 환자 중에는 언어 이전 상태로 퇴행해 말조차 할 수 없을 정도로 깊은 우울증에 빠진 이가 있었다고 한다. 코헛은 그에게 자신의 손가락 두 개를 내밀었다. 코헛은 자신의 손가락을 잡은 그 환자가 무게감이라고는 느껴지지 않을 정도로 '먼지' 같고, '마치 빈 젖꼭지를 빠는 아이' 같았다고 했다. 하지만 그 환자에게는 코헛이 내민 손가락은 지푸라기와도 같았다. 그전까지는 어떤 방법을 써도 꿈쩍도 안 하던 그 환자는 이후 극적으로 좋아졌다.

물론 지금은 원칙적으로 상담가와 내담자 간에 신체적인 접촉은 피하도록 규정한다. 성별이 다른 경우나 상담이 깊어지는 경우에는 더더욱 그렇게 한다. 긍정적인 효과보다는 부정적인 결과를 초래할 가능성이 더 크기 때문이다.

그럼에도 불구하고 코헛의 일화에 담긴 의미만큼은 '공감'이라는 이름으로 현대 정신분석사에서 살아남아 지금도 중요한 맥락을 이루고 있다. 상대방에 대한 인정, 자존감에 대한 존중은 이러한 공감의 핵심이다. 그만큼 적절한 인정은 중요하다. 중요한 만큼 위기나 갈등을 유발할 수 있으며, 그렇기에 관계의 문제에서 강력한 도구로도 이용할 수 있다. (인정이나 공감의 문제에 대해서 '도구'나 '이용'이라는 표현은 그리 적절치 않을 수도 있다. '인정' '공감' 등의 단어를 사용할 때는 최소한 그 사람의 진심이 담겨 있다는 사실을 전제로 하기 때문이다.)

인정과 관련된 일종의 장치가 국가나 사회적인 수준에서 이루어질 때도 있다. 대표적인 예가 표창이나 훈장이다. 훈장의 역사는 상당히 이른 시기까지 거슬러올라간다. 중세 유럽에서 조직된 십자군들 중 성지 참배를 하는 순례객들을 보호하는 기사단에게 십자형의 휘장을 가슴에 달게 했다. 십자군들은 이 휘장을 대단히 명예롭게 여겼다고 한다.

또한 나폴레옹은 각료와 의회의 반대를 무릅쓰고 탁월한 공을 세운 개인에게 훈장을 수여하여 국가에서 그를 '인정'하는 제도를 만들었다. 훈장을 정치에 이용한 셈인데 이것이 바로 그 유명한 '레지옹 도뇌르' 훈장이다. 수많은 사람들이 그 훈장과 관련된 영예를 얻기 위해 또는 그 영예를 지키기 위해 개인적 안위를 넘어서고 목숨을 바쳐가며 충성을 다했다. 단순한 헝겊 조각이나 쇠붙이일 뿐인 그것이 대체 뭐라고 그 정도의 위력을 발휘했겠는가. 결국 그 훈장이 가진 의미, 즉 그 사회로부터의 인정이라는 의미가 그 안에 포함되어 있었기 때문에 그런 힘을 가졌을 것이다.

포효하는 사자 달래기

성난 사자의 뒷문으로 가서 그를 달래라는 이야기에 어쩌면 독자들은 이런 의문을 가질지도 모른다. '아니 말이 쉽지, 앞에서 으르렁대는 사람 앞에서 어디 그게 그러기가 쉽나?' 지당한 말씀이다. 상대방이 성난 사자로 돌변해서 포효할 때 거기에 달려들라는 뜻은 아니다. 몇 가지 사례를 통해서 뒷문으로 돌아가서 고양이에게 다가가 말을 거는 방법을 익혀보자. 이런 상황은 아마도 상담실이나 정신건강의학과 병동 같은 곳에서 가장 극적으로 드러날 것이다. 필자의 경험을 하나 소개해보겠다.

다른 색이 전혀 없는
'흑백의 세상'에 사는 사람

수진씨는 스물세 살의 경계성 성격(인격)장애 환자였다. 책의 후반부에 성격장애와 관련된 내용은 좀더 자세히 다루겠지만, 경계성 성격장애 환자들은 매우 독특한 성격 특성을 보인다. 이들은 완전한 흑백의 세상에서 살아가고, 하나의 대상에 대해서도 이상화와 평가 절하 사이를 왔다갔다한다. 이들의 내면은 뿌리 깊은 만성적 외로움과 공허함으로 차 있으며, 빈번히 자해를 시도하며 상대방을 쥐고 흔드는 데도 능하다. 불나방처럼 맹목적이기도 하고 대단히 격정적이기도 하다.

성장과정에서 일정 시기가 지나면 엄마와 같은 중요한 대상이 늘 옆에 붙어 있지 않아도 불안해하지 않는 때가 오기 마련이다. 중요한 대상이 마음속에 잘 자리잡는 과정, 즉 내면화 과정이 이루어지기 때문이다. 그런데 경계성 성격장애 환자들은 이 과정에 심한 트라우마가 있는 경우가 대부분이라, 이별 혹은 누군가로부터 버림받는 일에 굉장히 민감하고 그런 상황을 잘 견디지 못한다.

수진씨도 그런 경우였다. 자살 시도와 자해를 반복하던 그녀는 보호병동에 입원하게 되었다. 일반적인 인식과 달리 보호병동은 '가두기' 위해서가 아니라 1차적으로는 환자를 '보호'하기 위해 이용된다. 입원 첫날 병동을 나서는 부모의 모습을 보면서 악을 쓰기 시작한 수진씨는 입원 후 며칠간 매우 과격한 언행을 보였다. 치료진에게 소리도 많이 질렀고, 자해 행동 등 치료진이 상당히 우려할 만한 행동도 했다. 이에 대해 병동 주치의를 비롯한 치료진들은 계속 제재를 가함과 동시에 더 위험한 모습을 보일 경우 더 강한 제재를 가할 것이라고 경고했다. 그럼에도 불구하고 수진씨의 자해 행동이나 치료진에 대한 언어폭력은 점점 심해졌다. 대체 어디까지, 언제까지 이렇게 힘든 시기가 이어질지 치료진도 난감했다.

이렇다보니 수진씨뿐만 아니라 치료진도 상당히 예민해져서 수진씨가 소소한 것을 요구하기만 해도 치료진 회의 자리에서 그녀에 대한 불평이 쏟아졌다. 치료진들은 수진씨의 요구 중 상당 부분에 대해 당연히 할 수 있는 요구라고 생각하는 것이 아니라 치료진을 힘들게 하려는 경계성 성격장애 환자들의 병적 특성이라고만 이해했다. 병동 주치의와 간호팀은 그녀가 치료적인 원칙을 자꾸 무너뜨리려 한다고 느껴 수진씨에게 상당히 화가 나 있었다.

물론 환자가 무의식적으로 그렇게 행동한 면이 있긴 했다. 그러나 더 중요한 것은 그 너머에 있는 치료진의 불안이었다. 치료진은 치료적인 원칙이나 치료에 있어서 반드시 필요한 최소한의 권위가 무너질까봐 두려워했다. 치료팀의 내면에 있는 여린 고양이를 수진씨가 계속 자극해서 치료진의 태도가 자꾸만 사자로 변했던 것이다. 필자가 제시한 Ks 사이클이 다음의 도식처럼 계속 돌아가면서 악순환이 이어진 것이다.

　　　　　　　　나는 아직도 사람이 어렵다

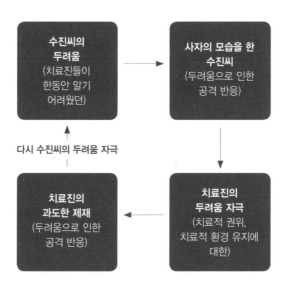

이런 상황에 대해 병동 주치의와 충분한 논의한 뒤, '사자 반응'을 보이고 있는 수진씨의 내면에 대체 무엇이 가장 중요하게 작용하는지에 대해 생각해보기로 하고 함께 면담실에 들어갔다.

필자 좀 어떤가요?

수진 (까칠하게) 뭐가요?

필자 음…… 뭐든지요…… 일상에 대해서든 하고 싶은 얘기든, 지금 마음속에 떠오르는 게 있으면 거기에 대해 같이 얘기해봐도 좋을 것 같고요……

수진 ……

필자 (같이 침묵)

수진 (역시 까칠하게) 여기서 어떻게 지내는지 아시면서 왜 물으세요? 얘기하면 들어주실 거예요?

필자 글쎄요…… 경우에 따라 다르겠죠. 하지만 들어드릴 수 있는 건 당연히 들어드릴 겁니다.

수진 그럼 바로 퇴원시켜주세요.

필자 그건 좀 어렵겠습니다.

수진 그것 보세요. 어차피 안 될 거면서.

필자 ……

긴 침묵이 흐른 뒤, 필자가 계속되고 있는 수진씨의 문제 행동에 대해 얘기를 꺼냈다.

필자 물론 혼자 와 있어서 힘든 건 알겠지만, 며칠째 수진씨의 계속되는 행동 때문에 본인도 치료진도 힘든 상황이 이어지고 있어요. 치료든 뭐든 떠나서 1차적으로는 수진씨와 치료진의 안전 문제가 가장 걱정스럽습니다. 계속 그러면 본인도 굉장히 힘들 것 같은데 왜 지금과 같은 상황이 반복되는지 수진씨가 생각하는 이유를 들을 수 있을까요?

이는 수진씨의 문제 행동에 대해 비난을 하거나 엄포를 놓지 않고 그녀 안에 웅크린 고양이에게 말 걸기를 시도한 것이었다. 그녀는 침묵했으나 표정은 다소 누그러지는 듯했다. 그녀의 안에 있는 '고양이'가 무엇인지는 아직 알 수 없었지만, 일단 그 고양이가 반응한 것이다. 상대방이 사자 반응을 보이다 이처럼 일순간 살짝 무장 해제되는 순간을 이용하면 된다. 그래서 바로 필자가 말을 이었다.

> **필자** 수진씨가 여기서 며칠 동안 자해도 하고 치료진에게 언어 폭력도 행사하고 그랬어요. 겉으로는 과격하거나 위험해 보이는 행동이었지만 왠지 수진씨 마음속에는 뭔가 정반대로 굉장히 힘들거나 뭔가가 두려운 게 있지 않나 하는 생각도 듭니다.

수진씨의 내면에 있는 그 고양이를 직접적으로 끌어내기 위해 건넨 말이었다. 그녀는 잠시 침묵하더니 갑자기 고개를 떨구고 눈물을 뚝뚝 흘리기 시작했다.

> **수진** 불안해요.
> **필자** 뭐가 불안한가요?
> **수진** 부모님이요. 부모님이 눈앞에 보이지 않으니까 두 분이 세상에 안 계신 것 같아요. 물론 의식적으로는 아니라는 걸 알면서도 자꾸 그런 느낌이 들어요.

수진씨의 입에서는 치료진이 생각도 못했던 뜻밖의 대답이 나왔다. 이런 수진씨의 내면 때문에 그간 어떤 방법으로도 수진씨의 행동을 자제시키기가 어려웠던 것이다. 일주일 가까이 환자 본인뿐만 아니라 병동 치료진 모두를 힘들게 한 상황이 불과 십 분 정도 만에 해결됐다. 물론 그 순간 그녀가 다 치료된 것은 아니었다. 멀고 긴 여정의 첫걸음을 떼었을 뿐이었다. 쉽게 보이지만 첫걸음은 경우에 따라서 힘들고 어렵기도 하다. 또한 모든 면담이 저런 식으로 이루어지는 것도 아니다. 다만 아무리 성난 사자처럼 보이는 경우에도, 아니 오히려 성이 나 있을수록 그만큼 여린 고양이가 그 내면에 있음을 보여주고 싶었다.

앞서 말했듯이 우리는 사자처럼 보이는 사람, 성게처럼 가시를 잔뜩 세우고 있는 듯한 사람을 보면 자동적으로 방어 자세를 취하고 반격하거나 도망갈 준비를 한다. 그러나 내가 먼저 그 무장을 해제하지 않으면 갈등의 실마리를 찾기 어렵다. 게다가 뒷문 안의 고양이는 막상 그 상황에 처한 사람의 눈에는 보이지 않는다. 눈앞에는 정반대의 모습이 보이기 때문이다. 물론 어렵고 불편한 관계, 갈등 상황에서 내가 먼저 무장 해제하기란 쉽지 않다. 나 역시 두렵기 때문이다. 먼저 무장을 풀었다가 내 자존감에 상처를 입지 않을까 하는 두려움 말이다. 그렇다면 어떤 경우에 내가 먼저 갑옷을 벗고 손을 내밀어야 할까?
상대방에게 손을 내밀어야 할 때와 상대방을 조심해야 할 때를 구분하는 가장 좋은 요령은 앞모습이 사자 또는 성게인가 아니면 반대로 여린 고양이인가를 살피는 것이다. 손을 내밀어야 할 상대는 바로 전자의 경우다. 앞서 설명한 바처럼 앞모습과 뒷모습은 정반대이기 때문이다.

1980년대에 〈호랑이 선생님〉이라는 드라마가 큰 인기를 끌었다. 겉으로는 대단히 엄하고 무섭지만, 사실은 정이 많고 따뜻한 마음씨의 선생님이 등장하는 드라마였다. 직장에서든 가정에서든 이와 비슷한 경우를 흔히 경험한다. 무섭고 껄끄러운 상대라고 자꾸 피하면 절대 안 된다. Ks 사이클에서 보듯이 그런 회피는 상대의 인정 욕구, 자존감 유지 욕구를 자극할 위험이 있기 때문이다. 정말 나를 등치고 이용하는 사람들의 앞모습은 오히려 여린 고양이와 같다.

무서운 시어머니보다 친절한 시어머니가 더욱 어려운 이유

두 종류의 시어머니, 두 종류의 고부관계가 있었다. 첫번째 유형은 시어머니인 김명자씨와 며느리인 주부 이주은씨의 경우다. 김명자씨는 직설적으로 말을 하고 다혈질적인 면이 있었다. 아니라고 생각될 때는 이를 그 자리에서 바로 지적을 해야 직성이 풀리곤 했다. 이주은씨의 남편은 외아들이었는데, 그랬기에 아들에 대한 시어머니의 애착과 자부심이 강했다. 오랫동안 시집살이를 힘들게 했고, 몇 년 전 세상을 뜬 남편도 다정하게 감싸주는 성격은 아니었던 터라 김명자씨는 젊은 시절 내내 아들

키우는 낙으로 살았다고 한다. 결혼 이후에도 시어머니는 집안의 크고 작은 문제에 전부 간섭하고 자기 뜻대로 좌지우지했다.

요즘 젊은 사람들이 대개 그렇듯 이주은씨도 아들딸을 별로 차별 대우하지 않는 분위기에서 유복하게 자랐다. 그래서인지 자신의 가정에 대해 시어머니가 '감 놔라, 배 놔라' 하는 상황이 늘 편치 않았다.

그러던 어느 날, 결국 제사 문제로 일이 터지고 말았다. 결혼 후 3년이 지난 무렵 허리 디스크가 심해진 시어머니가 제사를 이주은씨에게 넘기기로 했던 것이다. 말이 넘긴 것이지 어느 가게에서 장을 보느냐 하는 문제부터 일일이 간섭해 이주은씨는 시어머니의 '원격 조종'을 받는 느낌이었다. 제사 준비를 하는 동안 하루는 이주은씨가 몸이 많이 피곤해 제대로 움직이지 못하고 쉬는 날이 있었다. 그날도 시어머니는 어김없이 전화로 이런저런 잔소리를 늘어놓았는데, 그간 참고 지내며 쌓인 것도 있고 그날 컨디션도 좋지 않아서였는지 결국 이주은씨는 시어머니에게 "어머니, 제사는 이제 제가 알아서 챙길게요. 그렇게 걱정 안 하셨으면 좋겠어요"라고 대꾸해버렸다. 나름대로는 완곡하게 말했지만, 결과적으로 시어머니의 불같은 성격이 폭발해 결국 이주은씨는 많이 힘든 상황까지 몰리게 됐다. 하지만, 화난 시어머니를 대해야 하는 두려움을 무릅쓰고 시어머니 앞에서 머리를 조아리자 시어머니의 화는 금세 풀렸다.

두번째 고부관계는 이와 조금 다르다. 시어머니 심영미씨 역시 젊어서 시집살이를 호되게 했다. 시집살이가 너무 힘들었던 터라 며느리가 생기면 자신은 절대 그러지 않으리라 늘 다짐하곤 했다. 아들만 둘이라 며느리가 생기면 딸처럼 생각하고 대하리라, 며느리의 손을 잡고 쇼핑도 하고 이것저것 맛있는 것도 먹으러 다니리라 마음먹었다. 그러던 차에 큰아들이 결혼해 장서연씨가 며느리로 들어왔다.

장서연씨는 자상해 보이는 시어머니가 처음에는 정말 좋았다. 친정어머니와 사이가 그리 좋지 않았던 터라 시어머니를 꼭 친정어머니처럼 잘 따랐다. 격의 없이 종종 시어머니와 남편 흉도 보고, 남편의 월급이 쥐꼬리만해서 생활이 어렵고 불편하다는 이야기도 하게 되었다.

심영미씨는 며느리와의 관계가 뭔가 본인 생각과 다르게 흘러가는 것 같아 문득문득 찜찜했지만 요즘 젊은 사람들이 대부분 그러려니 하고 대수롭지 않게 넘기려 애썼다. 그러던 어느 날, 서연씨는 친구와 전화로 수다를 떨다가 별 의도 없이 시어머니가 잠꼬대가 심하다는 이야기를 우스갯소리로 했다. 그때 심영미씨가 우연히 그 대화의 일부를 듣게 되었다. 심영미씨가 전할 물건이 있어서 아들 집에 왔다가 서연씨가 청소하느라 잠깐 열어둔 현관문으로 들어왔던 것이다. 이후 어떤 일이 일어났을지는 굳이 덧붙이지 않아도 짐작이 될 것이다.

사자처럼 보이고 무서운 시어머니와 순한 고양이 같고 편안한 시어머니. 당신이 며느리라면 어떻겠는가. 김명자씨처럼 권위적이고 엄한 시어머니를 대할 때는 회피하는 모습을 보이지 않는 것이 중요하다. 경우에 따라서는 오히려 장서연씨처럼 좀 더 마음을 터놓고 다가가야 한다. 반대로 심영미씨처럼 편안하고 친근한 시어머니와는 평소에는 친하게 지내더라도 가장 기본적인 선은 절대 넘지 않으며 예의를 지키도록 주의해야 한다.

물론 김명자씨 같은 상대는 시어머니든 직장 상사든 다가가기가 쉽지 않다. 그러나 적극적으로는 그러지 못하더라도 상대를 자꾸 피하는 것 같은 인상을 주는 것은 금물이다. 상대의 인정이나 자존감 욕구와 관련된 불안을 건드려 더 큰 화를 초래할 수 있기 때문이다.

반대로 심영미씨 같은 경우에는 며느리나 다른 사람에게 잘하는 만큼 내면적으로 인정에 대한 욕구가 크다고 할 수 있다. 그렇기에 그런 사람들을 너무 마음을 놓고 대했다가는 본의 아닌 상처를 주게 된다. 이런 성격의 사람일수록 생각보다 오래 그 상처가 유지된다.

외강내유, 외유내강이라는 말이 있다. 겉으로 너무 강해 보이는 사람은 오히려 상대적으로 쉬울 수 있고, 너무 유해 보이는 사람은 반대로 훨씬 어려운 관계로 변할 수 있다.

외강내유, 외유내강이라는 말이 있다.
겉으로 너무 강해 보이는 사람은
오히려 상대적으로 쉬울 수 있고,
너무 유해 보이는 사람은
반대로 훨씬 어려운 관계로 변할 수 있다.

잘난 척, 유능한 척,
착한 척……
'척'하는 사람들의 심리

김준영 대리를 힘들게 했던 '잘난이' C대리의 경우로 돌아가 보자. C대리는 크게 대단할 것도 없는데 자꾸 김대리를 가르치려 들고 훈수를 두곤 했다. 김대리 입장에서는 별 도움이 안 되는 내용인데도 말이다. 게다가 C대리는 늘 "내가 봤을 때는" "내 경험엔"처럼 늘 '나'를 앞세워 이야기했다. 겸손으로서의 용법이 아니라 '나' 말고는 다른 존재가 없는 것처럼 말이다.

어쨌든 C대리와 같은 사람을 상대하려면 그의 행동의 이유, 즉 그의 내면에서 어떤 일이 벌어지는지 이해할 필요가 있다. C대리는 사실 '사자' 정도까지도 아니고 기껏해야 '갑각류' 정도인 사람이 아닐까 싶다. 자신의 내면에 자리한 인정 욕구가 과대한 여린 고양이 때문에 겉으로 잘난 척, 갑각류인 척, 사자인 척하는 경우라 할 수 있다. 인정이나 자존감과는 조금 다른 측면이지만 이러한 양상은 개인이든 조직이든 상당히 공통적으로 나타난다. 『손자병법』에는 이런 구절이 나온다.

> "적이 말하는 것이 겸손하면서도 전비戰備를 더하는 것은 진격하려는 뜻이다. 적이 말하는 것이 강경하면서도 달려나오려 하는 것은 퇴각하려는 것이다." (글항아리, 2011, 231쪽)

C대리나 '깐족이' 김과장이 자존감이 충분한 사람이라면

굳이 후배에게 잘난 체를 하거나 깐족거리느라 자신의 아까운 시간을 낭비하지 않을 것이다. 이들의 자존감이 낮은 정도는 당하는 사람의 기분이 상하거나 화가 나는 정도와 정확히 비례한다. 그런 상대를 대했을 때, 뭔가 불편하면 불편할수록, 짜증이 나면 날수록 그 상대는 그만큼 자존감이 낮은 것이다.

표면적인 것과는 달리 어쩌면 C대리나 깐족이 김과장은 '불쌍한' 부류의 인간일 수도 있다. 스스로를 충분히 인정하지 못하기에 생존을 위해서 끊임없이 다른 사람에게서 억지 춘향식으로나마 인정받기를 갈구하기 때문이다. 다시 강조하지만, C대리와 같은 사람은 절대로 그 겉모습에 반응해서 상대해주면 안 된다. "당신 일이나 제대로 하라"고 면박하거나 들이받고 싶을 수도, 업무와 관련해 논리적으로 조목조목 설명해 코를 납작하게 해주고 싶을 수도 있다. 그렇지만 C대리처럼 열등감이 심한 사람에게 그렇게 했다가는 정말로 난폭한 사자로 변할 위험이 있다. 그 당시에는 찍소리도 못하고 물러선다 해도 두고두고 원한을 품을 수도 있다. 전자보다도 후자 같은 경우 더 큰 후유증이 생기는 경우가 흔하다.

C대리와 같은 사람들을 대할 때는 우선 열등감에 떨고 있는 고양이를 좀 달래주어야 한다. 어떻게 하면 달랠 수 있을까? 정답은 '인정'이다. C대리 같은 사람이 잘난 체하는 부분이 있으면 일단은 그 부분을 인정해주고 경우에 따라서는 칭찬도 해준다. 물론 닭살이 돋고 마음이 불편할 수도 있다. 그렇지만 세

상 모든 일이 그렇듯, 아주 조금은 일리 있는 이야기를 했을 수도 있다. 그 부분에 대해 인정해준다고 생각하는 것이다. "대리님, 그러네요. 그런 방법도 한번 생각해봐야겠네요. 의견 주셔서 감사합니다" 정도면 어떨까. 물론, 그렇게 할지 말지는 각자 판단할 부분이다. 조금 더 나아간다면, 적당한 시점에 이렇게 말해볼 수도 있을 것이다.

"대리님, 제가 여러모로 부족한 점도 있고, 회사를 옮긴 지도 아직 1년이 채 되지 않아 겉으로 보이는 것과 달리 여러 가지로 어려움이 많습니다. 평소 해주시는 말씀이 많은 도움이 됩니다(일단은 고양이에 대한 인정). 그렇지만 저희 부서 사정상 제 마음대로 결정할 수 없는 상황이라 대리님 조언을 늘 따를 수 없기도 합니다(고양이 어르기). 힘드시겠지만 그간 많이 도와주신 것처럼 그 부분을 좀 도와주시면 좋을 것 같습니다(다시 고양이에게 말하기)."

'지는 것이 이기는 것'이라는 말이 있다. 물론 모든 면에 다 적용되는 말은 아닐 것이다. 다만, 봉변을 당했던 김미연 과장의 경우에 이 말은 정확하게 들어맞는다. 김미연 과장은 박과장을 찾아가서 먼저 손을 내밀고 일정 부분에 대해서는 사과를 하겠다고 했다. 물론 사태의 모든 면에 대해서 자신이 잘못했다고 생각했거나 잘못했다고 이야기한 것은 아니었다. 상담을 통해 그녀는 자신의 문제였던 것과 아닌 것을 어느 정도 명확히 구분했

나는 아직도 사람이 어렵다

고, 자신의 문제에 해당한 부분에 대해서는 기꺼이 인정하고 받아들였다. 상대와의 갈등에서 먼저 손을 내밀 수 있는 것, 그렇게 먼저 손을 내민다는 것은 자신이 죄다 뒤집어쓴다는 의미가 아니다. 결과적으로 김과장이 승자였던 것이다.

굳게 잠긴
마음의 문
열기

　　　　　　　상담, 특히 정신분석 상담에서 상
담가는 자기 얘기를 드러내지 않아야 한다고 여긴다. 자신의 사
적인 얘기를 포함해서 상담가가 자신의 감정이나 생각 등을 이
야기하는 것은 일시적으로는 도움이 될지 몰라도 깊이 들어가
는 상담에서는 대개 부작용이 더 많기 때문이다. 그럼에도 불구
하고 경우에 따라서 상담가가 제한적으로 자신의 마음을 터놓는
게 도움이 될 때가 있다. 앞서 수진씨와의 면담에서 수진씨의 문
제가 지속되는 것에 대한 치료진의 걱정과 불안을 일부 표현하
고, 수진씨의 문제가 무엇인지 상담가도 전부는 모른다는 것, 그
래서 수진씨의 의견이 필요하다는 메시지를 던진 것이 그런 예의

하나다.

일반적인 관계에서도 마찬가지다. 너무 남발하면 효과가 떨어질 수도 있지만 이런 행동은 잘 풀리지 않는 관계에서 종종 실마리를 던져주는 계기가 되기도 한다. 웃는 얼굴에 침 못 뱉는다고 하지 않는가. 자신을 먼저 드러내는 것은 상대의 뒷문에서 웅크리고 있는 여린 고양이에게 말을 거는 효과적인 방법 중 하나다. 여기서 중요한 것은 '너'를 강제로 오픈시키는 것이 아니라 '나'를 오픈함으로써 '너'가 알아서 두꺼운 갑옷을 벗도록 유도하는 것이다. 불편한 상황, 스트레스 상황을 마주하면 우리는 자신도 모르게 자동적으로 투쟁 반응이나 회피 반응의 한쪽, 또는 두 가지가 섞인 반응을 보인다. 의도는 그렇지 않더라도 겉으로 드러나는 내 모습에 상대도 다시 투쟁이나 회피 태세를 갖추게 된다.

나를 여는 것은, 상대에게 신호등의 빨간불이 아닌 파란불을 켜주는 셈이다. 동시에 상황의 판단과 결정권의 일부를 상대에게 넘겨서 이성적이고 합리적으로 판단할 수 있는 기회와 여지를 제공하는 셈이다.

'나만 보면 못 잡아먹어 안달'인 상사와의 갈등 해소법

프로그래밍 회사의 과장인 정연희씨는 최근 몇 년 동안 김순명 차장과 갈등을 겪었다. 정과장의 말에 따르면, 김차장이 늘 자신을 못 잡아먹어서 안달이라고 했다. 특히 최근 몇 달 사이에 더 심해졌다고 했다. 김차장이 워낙에 급하고 불같은 성격이긴 했지만 아무리 생각해도 다른 사람들보다 자신에게 유독 더 그러는 것 같았다. 조금만 실수해도 큰 소리가 오갔다. 김차장은 부서의 대리나 다른 사원 등 정과장의 부하 직원이 많은 사무실에서도 개의치 않고 야단을 쳐서 정과장의 자존심이 상할 때도 많았다. 비슷한 일이 되풀이되다보니 정과장은 본인의 실수가 아니더라도 업무상 문제가 생기거나 김차장과 상의해야 할 일이 생기면 논의를 미루거나 피하게 됐다. 그러다가 문제가 커져서 오히려 더 갈등이 깊어지는 악순환이 반복되고 있었다.

김차장이 왜 자신에게만 그러는지 짚이느냐는 질문에 정과장은 답하지 못했다. 일단은 둘 사이에 뭔가 의사소통의 문제가 있어 보였고, 그 문제를 푸는 첫 단추를 어떻게 꿸 것이냐가 관건이었다. 고민 끝에 필자는 정연희씨에게 자신의 마음과 감정 상태에 대해 김차장에게 이야기해볼 것을 권했다. 물론 정과장은 "어떻게 그렇게 할 수 있느냐, 겁나서 도저히 못 하겠다"고 반응했다. 하지만 정과장의 말대로 김차장이 일종의 사자 반응을 계속 보인다는 것은 분명 그 이면에 반대의, 어떤 고양이가 있기 때문이라고 생각됐다. 도저히 겁이 나고 떨려서 힘들 것 같으면, 김차장과의 면담 전에 복용하라고 소량의 안정제를 처방해주었다. 결국 정과장은 김차장에게 면담을 신청했고 자신의

나를 여는 것은, 상대에게 신호등의
빨간불이 아닌 파란불을 켜주는 셈이다.
동시에 상황의 판단과 결정권의 일부를
상대에게 넘겨서 이성적이고 합리적으로
판단할 수 있는 기회와 여지를
제공하는 셈이다.

입장과 상태를 이야기했다. 대강 이런 요지였다.

"차장님, 굉장히 외람된 말씀일 수도 있는데요, 혹시 뭔가 오해가 있거나 제가 잘못 느끼는 부분이 있다면 그 부분을 풀고 바로잡았으면 해서 이렇게 말씀드립니다. 제가 많이 부족한 것은 알지만 자꾸 부정적인 피드백만 받다보니 요즘 너무 자신감이 떨어지고 뭘 어떻게 해야 할지 모르겠어요. 제 나름대로는 잘해서 차장님께 인정받고도 싶은데, 그게 잘 안 돼서 스트레스가 심하고 가끔 우울하기도 해요."

이 말을 들은 김차장은 정과장의 예상과는 전혀 다른 반응을 보였다. 김차장은 정과장을 몇 번 야단친 뒤로 정과장이 자신만 보면 슬슬 피하는 것 같았고, 어떤 때는 그런 행동이 자신을 무시하는 것 같아서 기분이 상했다고 했다. 그렇기에 정과장이 '걸리기만' 하면 더 강하게 몰아붙였던 것이다. 두 사람 사이에 이렇게 대화의 물꼬가 트이자 정과장은 김차장이 오해한 부분에 대해 설명했고, 자신이 부하 직원들 앞에서 크게 야단을 맞을 때 얼마나 수치스러웠는지에 대해서도 털어놓았다. 물론 모든 문제가 말끔히 해소되지는 않았지만, 결과적으로 둘 사이에 있었던 갈등의 악순환은 많이 가라앉았고 서로 조금 더 존중하고 노력하는 방향으로 이야기가 일단락되었다.

물론 습관적으로(?) 이런 방법을 쓰는 사람들이 있다. 자신을 먼저 오픈하는 방법으로 상대방을 조종하거나 심한 경우 일종의 위협을 가하는 사람들도 있다. 그런 불순한 목적으로 자기 오픈을 하라는 것이 아니다. 이 방법은 상당히 효과적일 수도 있지만, 정과장도 미리 안정제를 복용하고서야 시도한 것처럼 당사자에게는 상당한 용기를 필요로 하는 일이다. 하지만 도저히 돌파구가 보이지 않는 상황에서는 한 인간으로서 자신의 마음을 진솔하게 털어놓는 것도 충분히 고려해볼 만하다.

그러나 이 방법이 누구에게나 통하는 것은 아니다. 자신이 느낀 불만과 불안을 솔직하게 오픈했는데도 문제가 계속된다면, 상대에게 어떤 병리적인 문제가 있을 가능성도 있다. 노력을 해도 안 되고 자기 오픈마저도 통하지 않는다면 상담이나 대인관계 전문가를 찾아서 도움을 구할 필요가 있다.

소통의 첫 단추, 나부터 무장 해제

나를 오픈하는 것과는 조금 다를 수도 있지만, 내 쪽에서 먼저 갑옷을 벗고 무장 해제를 함으로써 교착 상황에서 돌파구를 마련하는 방법은 성인 간의 관계뿐만 아니라 아이들이나 청소년을 대할 때도 효과적일 경우가 많다.

필자('강')의 아들 지민이는 올해로 다섯 살인데, 하루는 아침부터 엄마와 계속 실랑이를 벌였다. 지민이는 그날 어린이집 선생님 집에 가서 놀기로 약속이 되어 있었다. 그런데 누나가 아빠와 놀러나간다고 하자 그게 더 좋아 보였는지 갑자기 어린이 집 선생님에게 가지 않겠다고 떼를 쓰기 시작했다. 중간에서 난감해진 엄마는 당황한 나머지 어린이집 선생님과 약속을 했으니 지켜야 한다면서 다그치는 식으로 전형적인 사자 반응을 보였다. 그럴수록 아이는 완강하게 버텼고 두 사람 사이의 힘겨루기는 점점 심해졌다. 보다못한 필자가 개입했다.

필자 지민아, 오늘 어린이집 선생님 만나기로 했다면서?

지민 응.

필자 지민이 친구가 있어. 그 친구가 오늘 지민이랑 놀기로 했어. 그런데 갑자기 누나 따라서 다른 데 놀러간다고 지민이랑 안 놀겠다는 거야. 그러면 지민이는 어떨 것 같아?

지민 안 좋을 거 같아.

필자 그래, 그럼 지민이가 그런다면 어린이집 선생님은 어떨 거 같아?

지민 (잠시 침묵) 안 좋을 거 같아.

필자 그럼 어떻게 할 거야?

지민 (한참 고민하다) 어린이집 선생님 만날 거야.

최소한의 역지사지를 받아들일 수 있는 정도의 나이만 되어도 이처럼 간단히 말로 설득 가능한 경우가 많다. 성인과는 조금 다른 측면이 있지만, 이 경우에도 핵심은 크게 다르지 않다. 겉으로 보이는 완강한 투쟁 반응보다, 그 이면에 있는 약한 부분에 말을 걸고 그 부분과 상대해야 한다. 그 말 걸기에는 자신이 먼저 무장을 해제하기가 전제된다. (물론, 아이들 양육이나 훈육이 늘 이렇게 간단히 진행되지는 않는다. 저렇게 간단히 문제 해결이 가능했던 것은 그간의 훈육과 관계방식이 바탕에 깔려 있기 때문이다. 그렇지만, 결국 핵심은 크게 다르지 않다.)

똥을
피하는 방법,
지는 것이
이기는 것이다

이번에는 비슷한 맥락이지만 조금 다른 측면의 이야기를 해보겠다. 오래전 모 대학병원에서 필자의 지인 A가 겪었던 일이다.

A는 몇몇 과의 여러 직종이 한 팀을 이루는 공동 프로젝트를 진행한 적이 있었다. 그는 다른 과의 B와 함께 공동 책임을 맡게 되었다. 각자 맡은 일을 진행하면서 중간중간 의사소통을 하는 방식이었다.

문제는 그 공동 팀장인 B가 A의 학교 선배라는 데서 기인하였다. B는 원래 성격이 그런지 아니면 A가 후배니까 알아서 할 것이라고 생각했는지 일이 진행되는 동안 적극적으로 참여하지

나는 아직도 사람이 어렵다

도 않았고 가끔 한 번씩 나타나서 남의 얘기하듯이 이런저런 부정적인 논평만 늘어놓고 사라졌다. 본인 입장에서야 도움이 된다고 생각해서 하는 얘기였을지 몰라도, 실무를 책임지는 사람이 남의 일처럼 잔소리만 늘어놓고 가버리니 A로서는 같이 일하기가 여간 힘들지 않았다. 게다가 학교 선배이긴 해도 학생 때부터 알고 지낸 사이도 아니고 부서의 직속상관도 아니었으니 짜증도 많이 났다. 차라리 공동 팀장이 아니라 B가 팀장이고 A가 부팀장이었다면 처음부터 어느 정도 포기해서 마음이라도 편할 것 같았다.

어쨌든, 어찌저찌 일은 진행되어 발표 마감 기일이 코앞으로 다가왔다. 일을 나눠서 진행한데다가 자신이 별로 기여한 것이 없었던 B는 아마도 충분히 준비되지 않았다고 생각했던 모양이다. 최종 리허설 관련 회의에서 아직 해결되지 않은 한두 가지 문제를 언급하며 B가 갑자기 화를 냈다. 그러고는 이렇게 준비가 안 된 채로 발표하느니 지금이라도 못 하겠다고 보고하자는 황당한 말을 했다. 별로 중요해 보이지 않는 것들을 꼬투리 잡아서 프레젠테이션 발표자를 계속 '깨기도' 했다. B가 말은 그렇게 해도 실제로 발표를 포기하자는 것도 아니고, 그럴 용기도 없다는 것을 알았지만 A나 다른 팀원들은 황당하기 그지없었다. B가 간 뒤 팀원들의 원성이 하늘을 찌를 듯했다.

똥을 차면
내 발만 더러워진다

A도 단단히 화가 났다. 이 일을 어떻게 해야 할지, B와 관련한 윗선에 공식적으로 항의하고 B의 만행을 폭로할까 하는 생각부터 '그동안 호구짓을 한 건가' 하는 자책 등으로 그날 밤새 뒤숭숭했다.

공식적으로 문제 제기를 해서 B에게 본때를 보여주고 싶기도 했지만, 지연과 학연이 얽힌 우리나라의 직장, 특히 그런 상황이 더욱 심각한 병원이라는 문제도 있었고, 깐죽거리고 남 비방하기 좋아하는 B의 성격상 그렇게 할 경우 A도 상당한 후폭풍을 겪을 듯했다. A는 어떤 식으로 대응해야 할지 고민스러웠다. 제대로 발로 차면 해결될 것인가, 상대가 똥이어서 차는 순간 내 신발만 더럽혀질 것인가.

대응방법을 고민하다가 A는 그제야 너무나도 당연한 질문, 그러니까 'B의 행동을 어떻게 받아들여야 하는가?' 하는 물음을 떠올렸다. 결국 그는 B를 아는 친한 지인에게 조용히 B에 대해서 물었다. 그는 B에 대해 '원래 그런 사람'이고 너무 게으른 사람인데 조금이라도 책임 있게 뭔가를 해야 하는 상황에 처하면 그렇게 유체 이탈하는 듯한 화법과 행동을 보인다고 대답했다.

B에 대한 정보를 어느 정도 얻고 나니 A는 마음이 많이 편해졌다고 했다. 일단 B의 문제와 자신의 문제가 어느 정도 구분돼 정리가 됐던 것이다. 'B는 원래 그런 문제가 있는 사람이었구나. 딱히 나랑 관련된 일에서만 그런 건 아니었구나.' 그러자 조

금 여유가 생겼다. A는 B의 성격상 B를 발로 차면 자신의 발만 더럽혀질 것이라고 결론을 내렸다. 어떻게 대응할 것인가도 결정되었다. 그는 책임감은 없지만 인정받기는 좋아하는, 약하기만 한 고양이였다. A는 B의 마음의 뒷문으로 들어가 고양이에게 말을 걸고, 동시에 자신의 입장을 전달하기로 했다. 그래서 다른 팀원들을 참조 수신으로 설정해 B에게 다음과 같은 골자의 이메일을 보냈다.

"선생님, 어제 회의에서 말씀하신 부분에 대해서는 충분히 공감하고, 제가 부족했다고 생각합니다. 그간 밤잠 못 자고 이리저리 뛰면서 노력했으나 이런저런 사정으로 아직도 미진한 부분이 많습니다. 아시다시피, 병원 일이라는 게 원체 많고 고되다 보니 어쩔 수 없는 부분도 있습니다. 널리 헤아려주십시오. 다만 실무를 총괄하시는 선생님께서 전체 팀 회의에서 그렇게 말씀하시니 저도 그렇고 팀원들도 힘이 많이 빠질 수밖에 없는 상황입니다."

이와 같은 이메일을 보내자, B는 상당히 장문의 사과 메일을 전체 팀원들에게 보내왔다. 모든 면에서 비굴해지라는 말이 아니다. A는 최대한 부드러운 표현으로 상대의 약한 고양이에게 말을 걸면서 동시에 자신과 팀원들의 감정을 충분히 전달한 것이다. 메일을 받은 B는 자신의 행동으로 인해 스스로의 위신이 얼마나 깎였는지 깨달은 듯했다.

물론 저렇게까지 해도 계속 적반하장으로 나오는 경우도 있을 수 있다. 그런 경우라면 후반부에 언급할 성격장애의 스펙트럼에 들어갈 가능성이 많다. B처럼 반응하기도 어려울 정도로 자존감이 낮고 열등감이 많은 사람일 가능성이 높은 것이다. 그런 경우에는 억울하더라도 적당히 마무리하는 수밖에 없다. 성격장애가 있는 사람과의 관계는 백약이 무효한 경우가 대부분이기 때문이다.

불필요한 자극은 고양이를 사자로 만든다

필자가 수영을 배울 때의 일이다. 평형을 하다가 본의 아니게 옆 레인의 한 아주머니를 살짝 찼다. 깜짝 놀라 일어나 바로 사과했지만, 많이 아팠는지 그 아주머니는 계속 불평을 했다. 다시 한번 사과한 뒤 그 화가 가라앉기를 잠시 기다리고 있었다. 그때 아주머니의 불평이 좀 길어지면서 필자가 계속 당한다고 느꼈는지 옆에서 지켜보던 코치가 그 아주머니에게 한마디 던졌다.

"괜찮으세요? 아무튼 그래서 서로 조심해야 돼요."

그다음 일은 굳이 얘기하지 않아도 쉽게 짐작될 것이다. 결국 필자를 도와주려던 코치의 한마디는 본의 아니게 그 아주머

니의 화를 끝까지 돋우었고, 우리 두 사람은 다시 한참 사과해야
했다.

이와 비슷한 경우는 우리 일상에서 흔하다. 상대가 사자로
변했을 때, 일단 사과든 뭐든 한 템포 기다리면서 이면의 상처
입은 고양이를 충분히 달래주어야 한다. 상대가 흥분을 가라앉
히기 전에 자신의 입장을 '설명'하려고 하지 말아야 한다. 그러
지 않으면 결국 위의 예처럼 상대방을 '뚜껑 열리게' 만들 수 있
다. 사정은 다르지만 직장에서의 처세와 관련된 다음과 같은 경
우도 있다.

**열심히 일하면 일할수록
승진에서 멀어진 남자**

사십대 초반의 김진우 과장은
소위 일류대학 출신으로 미국
에서 박사과정까지 밟은 수재였
다. 미국에 일자리를 얻고 싶어했으나 영주권과 비자 문제로 결
국 서른다섯에 귀국해서 국내 대기업에 취직하게 되었다. 많은
사람들이 선망하는 대기업에 스카우트됐던 것이다. 워낙 자신감
넘치는 성격인데다가, 대단히 공격적이고 열정적으로 일했다.
남들이 생각하지 못한 아이디어도 자주 내놓았고, 프레젠테이션
도 늘 완벽했다. 그 기세라면 금세 임원 자리에 오를 것 같았다.

그런데 이상하게도 과장 자리에 오른 뒤부터 승진이 되지
않았다. 김진우씨가 보기에는 자신이 속한 부서의 상사나 임원

나는 아직도 사람이 어렵다

들은 학벌도 별로였고 업무 능력도 뛰어나지 않았기 때문에 자신의 처지가 잘 이해되지 않았고 답답하기만 했다. 자신이 중요한 성과를 낸 경우에도 윗사람들의 반응은 뭔가 뜨뜻미지근한 듯했다. 그의 상사들은 겉으로는 김진우 과장의 실적과 능력에 대해서 인정했지만, 뒤에서는 '능력은 뛰어나지만 조직에 잘 맞지 않는 사람' '스펙이나 자기 잘난 것만 믿고 안하무인인 사람' 등으로 평가했다.

이런 상황이 계속되자 김진우 과장은 자신의 능력이나 성과가 윗사람들의 인정을 받기에 부족하다는 생각에 더욱더 공격적으로 일하려고 애썼다. 이러한 악순환이 반복되면서 김진우 과장은 지칠 대로 지쳐 회사에 대한 충성도도 떨어졌고 그간 잘 유지해왔던 업무 성과도 많이 떨어지게 되었다. 결국 자신의 후배가 차장으로 승진하자 자존심이 상한 그는 더이상 그 회사에 남고 싶지 않았다.

이런 식으로 똑똑하고 잘난 사람들이 종종 곤란에 처한다. 물론, 우리나라가 '정치'보다 각자의 능력을 중시하고 노력을 존중하는 사회가 된다면 훨씬 나아지겠지만, 불행히도 아직 그런 사회가 되기는 요원해 보인다. 김진우 과장은 자신의 화려한 경력만큼이나 주위 사람이나 윗사람 들에게 자신의 '대단함'을 인정받기를 원하는, 인정에 목마른 고양이였다. 그래서 실무에서든 프레젠테이션에서든 똑똑하고 능력 있는 사람으로 보일 수 있도록 최선을 다했다. 하지만 오히려 그런 모습이 그보다 능력이 떨어져 보일 수도 있는 몇몇 상사나 비슷한 직위의 사람들에게는 상당한 위협으로 비쳤다. 본의 아니게 다른 사람들에게 사자로 보여진 셈이다. 김과장이 노력할수록 상사들의 내면에 있는 여리고 불안한 고양이가 사이렌을 울렸고, 그러면 그럴수록 상사들은 반대로 사자의 모습을 드러냈다. 상사들의 이러한 '사자'와 같은 태도는 김진우 과장의 능력이나 성과를 이용하면서도 기회가 있을 때마다 그를 평가 절하하고 견제하는 식으로 나타났다.

김진우 과장 입장에서는 당연히 열심히 일하고 기회가 될 때마다 자신의 능력을 보여줘야 했다. 하지만, 압박감 때문에 회사에 '뭔가를 보여주어야 한다'는 식으로 과시적인 태도를 취함으로써 주위 사람들을 자극하지 않도록 주의해야만 했다. 상사나 주위 사람들이 자신을 견제할 수도 있다는 사실을 인지하고 조금은 자신을 낮추는 식으로 조심했다면 좋았을 것이다.

**자존심을 건드는 순간,
관계는 폭주한다**

불편하고 어려운 관계의 많은 경우가 갑자기 폭발적으로, 파국으로 치닫는다. 대개 어느 한쪽의 근본적인 자존감이 건드려질 때 일어난다. 부부 상담을 위해 찾아온 한 부부의 대화를 살펴보자.

아내 물론 남편이 바깥일로 바쁜 건 알지만 저도 같이 일을 하는데 회식이다 뭐다 해서 늦는 날이 많아요. 집안일을 분담하겠다고 말만 하고는 자꾸 미루고, 주말에는 내내 자고, 너무 힘들어요. 그래서 그런 걸 좀 얘기하면 잔소리한다고 자꾸 피하고……

남편 아니, 남자가 매일같이 칼퇴근하고 집에 오기가 쉽지 않잖습니까. 저도 승진하려면 사람들과 관계 유지도 해야 하고, 가끔 대학 동기들 모이면 정보도 얻을 수 있으니까 그런 모임에도 가야 하고……

아내 아니 무슨 소리야. 정보 얻는답시고 허구한 날 술만 마시면서…… 백날 그렇게 해서 지금 우리가 뭐 가진 게 있어? 옆집 아빠 봐. 그렇게 가정적이면서도 잘나가는데……

남편 아니 뭐라고? 그럼 당신은? 그 직장 같지도 않은 델 다닌다고 아줌마한테 애 맡기고, 대체 제대로 하는 게 뭐가 있는데?

이 사례에서 보듯이 처음에는 평범하고 일반적인 수준에서 시작된 문제나 갈등이 갑자기 폭주하는 경우가 있다. 대개 자존감이 민감하게 건드려지는 경우다. 상대의 자존감을 건드는 방법은 간단하다. 그의 존재 가치와 관련될 수 있는 부분을 꼬집기만 하면 되는 것이다.

빈정거림이나 비꼬는 말투, 비슷한 상황의 다른 사람(예를 들어 소위 '엄친아' '엄친딸'처럼)과 비교하는 것도 마찬가지다. 내용에 관계없이 상대방에게 그런 표현방식을 이용했을 때 결과적으로 본인에게 '분노의 역류'가 되어 돌아올 수 있다. 일단 관계 문제가 발생하면 누구든 투쟁 또는 회피 모드에 들어가는데, 부부싸움처럼 심리적인 거리 유지가 어려운 상황에서는 많은 경우가 지나치게 방어적인 심리 상태로 들어가기도 한다. 자신도 모르게 '밀리면 끝장이다' 하고 결연한 의지를 불태우는 것이다. 그래서 상대의 가장 약한 부분이라고 생각되는 지점을 공략하는데, 이 때문에 오히려 상황이 걷잡을 수 없게 될 수 있다.

직장에서도 마찬가지다. 특히 윗사람으로서 부하 직원을 상대할 때 불필요하게 상대의 자존감을 건드려서 지적이나 야단의 효과가 반감되는 경우도 많다. 대표적인 경우가 빈정거림이나 상대에 대한 개인적인 면을 들추는 언행 등이다.

지금껏 살펴봤듯 상대에게 상처주지 않고, 또한 상대로부터 상처받지 않고 관계를 맺기 위해서는 다음과 같은 방법이 필요하다.

첫째, '그의 문제'와 '나의 문제'를 구분해야 한다. 관계에 문제가 발생한 원인을 '내가 부족해서' '내가 잘못해서'라는 식으로 '내 문제'로만 받아들이면 감정의 골이 더욱 깊어지기 십상이다. '그의 문제'와 '나의 문제'를 분리시킨 뒤, 상대의 문제에 대한 정확한 판단과 이해가 수반돼야 관계의 실마리를 찾을 수 있다.

둘째, 까칠하고 어려운 사람일수록 그 이면에 있는 이런 부분, 인정에 목말라 있는 그 뒷모습에 말을 걸어야 한다. 그리고 그 말 걸기의 핵심은 상대방에 대한 인정과 공감이다.

셋째, '그의 마음'을 열기 위해선 '나의 마음'을 먼저 열어야 한다. 내 속마음을 모두 여과 없이 보여주라는 뜻은 아니다. 내가 느낀 감정과 생각을 어느 정도 솔직하게 털어놓음으로써, 상대의 감정과 생각을 들을 수 있는 기회를 마련할 수 있다는 이야기다.

결국 상처를 주지도 않고 받지도 않는 건강한 관계는, '나'와 '너'의 이해에서 출발한다는 사실을 명심할 필요가 있다. '나'조차 제대로 알지 못하는 사람이 '너'를 알 리 만무하다. '나'를 사랑할 줄 모르는 사람이 '너'를 사랑할 수 있을 리 없다. 관계는 '나'와 '너'가 있을 때에만 가능한 개념이기 때문이다.

4장

나와
친한 사람이
남과도 친하다

스스로를 가장
힘들게 하는
사람은 바로
당신이다

당신은 올해 쉰 살인 대기업 부장
이다. 화장실에 가려고 사무실을 나왔다가 저멀리 복도 끝에서
부하 직원인 대리 하나가 코너를 돌아 옆으로 가는 것이 보인다.
당신을 본 것 같기도 하고 아닌 것 같기도 하고 애매하다. '아닌
가' 하는 생각도 들긴 하지만 분명히 보긴 본 것 같은데 그냥 지
나친 것 같다는 쪽으로 마음이 좀더 기운다. 괘씸해지지만 왠지
자신이 옹졸한 것 같아 그냥 잊기로 한다. 그렇지만 당신이 조만
간 명예퇴직 대상에 오를, 나이든 부장, 이빨 빠진 호랑이라 그
친구가 무시한 건 아닐까 하는 생각에 오후 내내 언짢았다.

사실 그 부하 직원은 인사를 할까 말까 고민하다가 거리가

좀 멀어서 그만뒀다. 게다가 부장과 눈이 마주치지는 않았으니 그가 못 봤다고 생각하지 않을까 싶었다. 거리도 애매한데 괜히 인사했다가 저쪽에서 제대로 못 보면 영 민망할 것 같았다. 그냥 코너를 돌면서 누군가의 모습이 어렴풋하게 옆눈으로 들어왔지 제대로 못 봤으니 괜찮다고 스스로에게 되뇌면서도 오후 내내 찜찜했다.

'아니, 내가 그동안 너한테 어떻게 해줬는데?'

비슷하지만 조금 다른 경우도 있다. 스물일곱 살 미혼인 유미 정씨는 입사 2년차 사원이다. 외모도 수려하고 화려한 차림을 즐기며 늘 적극적이고 당당해 보였지만, 외로움도 많이 타고 여리고 정이 많은 편이었다. 겉모습과는 달리 사람들에게 다가가기를 어려워해 학창 시절부터 자신에게 먼저 다가오는 사람들이랑만 친구가 되는 식으로 인간관계를 맺었다.

그러던 중 올해 입사한 여자 후배 직원 하나가 마음에 들었다. 자신과는 달리 다른 사람들에게 적극적으로 다가가고, 깍듯한 태도로 사람들을 스스럼없이 대하는 후배였다. 모르는 게 있으면 1년 선배인 자신에게도 이것저것 묻는 모습이 편하고 마음에 들었다. 둘은 만난 지 일주일 만에 꼭 10년 동안 교류한 선후배 사이처럼 돈독해졌다. 주로 그 후배가 이것저것 묻거나 부탁을 하고 미정씨가 많이 도와주는 식이었다. 종종 후배의 일을 친동생 일처럼 돕다가 자신의 일이 산더미처럼 쌓이기도 했다. 미정씨는 몸은 힘들었지만 자신이 마음에 들어하는 누군가를 위해 시간과 에너지를 쓴다는 사실에 정신적으로는 상당히 만족했다. 반년쯤 지나자 그 후배는 조금만 어려운 일이 생기면 바로 미정씨에게 부탁했고, 미정씨는 급기야 후배 일을 돕느라 주말에도 바쁠 정도가 되었다.

두 사람의 관계가 이상하게 돌아가고 있다는 사실을 눈치챈 과장이 미정씨에게 충고를 했으나 미정씨의 기분만 상했을 뿐 상황은 전혀 변하지 않았다. 미정씨도 묘하게 그 후배에게 예속되는 듯하다고 느꼈지만, 그럴 때마다 애써 그 느낌을 지웠다. 그러던 어느 날, 미정씨는 며칠을 망설이다가 어렵사리 그 후배에게 작은 부탁 하나를 하게 됐다. 그런데 그 후배는 미정씨의 부탁을 그 자리에서 '쿨'하게 거절해버렸다. 그 순간 미정씨는 '아니 내가 너한테 그동안 어떻게 해줬는데' 하고 심한 배신감과 분노, 억울함에 휩싸였다.

그 순간에는 별 내색 없이 알았다고만 하고 돌아섰으나 한번 타오른 감정의 불길은 쉽게 가라앉지 않았다. 시간이 지나면서 분노와 억울함은 점점 우울로 바뀌었다. 미정씨는 이삼 주간 잠도 제대로 못 자고 답답해하다가 결국 상담을 받으러 오게 되었다.

나는 아직도 사람이 어렵다

당신이 소심한 이유는
내면의 거울 때문이다

우리는 주위에서 이 같은 경우를 어렵지 않게 접한다. 아니, 당신 또한 그런 극소심남, 극소심녀 유의 사람일 수도 있다.

앞 장에서 말했듯이, 관계상 스트레스를 받을 때는 과연 이게 '나'의 문제인지 '너'의 문제인지를 먼저 구분해야 한다. 물론 그렇게 하여도 어느 정도 애매한 부분이 남겠지만, 그 부분은 흘려버리는 수밖에 없다. 하지만 계속해서 그런 애매하고 작은 부분까지도 자신의 문제처럼 느끼며 결국 스스로를 힘들게 하는 사람들이 있다.

병원에서 일하다보면 진료 외에도 세미나 등에 참석해야 하는 경우가 많다. 특히 대학병원이나 레지던트 수련을 담당하는 병원에서는 각종 세미나가 무척 자주 열린다. 그런데 이상하게도 레지던트나 학생 들은 세미나 자리에서 거의 질문을 하지 않는다. 배우는 과정이니 당연히 질문이 많을 것 같은데도 말이다. 이는 자신이 질문을 했을 때 다른 사람이 '그것도 몰라' 하면서 속으로 비웃을까봐 걱정하기 때문이다. 사실 레지던트의 질문을 속으로 비웃는 것은 레지던트들뿐이며, 학생들의 질문을 비웃는 것은 학생들뿐이다. 실제로는 자신이 그렇게 생각함에도 남들이 자신을 비웃을 거라는 착각, 내 안에 문제가 있는 것이 아니라 상대 안에 문제가 있다고 생각하는 그런 사고방식이 앞에서도 말한 투사다. 따라서 많은 경우 스스로를 가장 힘들게 하는 사람은 바로 자기 자신이다.

그런데 왜 똑같은 상황에서도 어떤 이들은 극소심쟁이가 되고 어떤 사람들은 다른 모습을 보이는 것일까. 바로 자기 마음 안에 있는 내면의 거울 때문이다. 여기서 한 가지 질문을 던져보자. 자신의 얼굴이나 모습을 어떻게 확인할 수 있을까?

답은 바로 거울을 통해서다. 그런데 묘하게도 모든 거울이 똑같은 모습을 보여주는 것은 아니다. 안방 욕실에서 비춰보는 거울 속 모습과 회사 화장실의 거울 속 모습, 사우나에서의 거울 속 내 모습은 미묘하지만 조금씩 다르다. 어떤 거울은 좀더 날씬해 보이고, 어떤 거울은 생각보다 얼굴이 더 커 보인다. 마찬가지로 모든 사람은 내면에 자신의 정체성에 대한 거울을 하나씩 가지고 있다. 우리는 의식하지 않아도 매 순간 거의 자동적으로 각자의 내면에 있는 거울에 말을 걸고 그 대답을 들으며 살아간다. 자신의 내면에 있는 거울과의 대화는 워낙 짧은 순간 자동적으로 이루어지기 때문에 그런 대화과정이 있다는 사실조차 인식하기 어려운 경우가 대부분이다.

A 거울아 거울아, 나 어때?
내면 거울 당신은 이 세상에서 가장 멋지고 훌륭한 사람이에요. 당신만큼 능력이 뛰어나고 대단한 사람은 없어요. 다른 사람은 다 형편없어요.

나는 아직도 사람이 어렵다

모든 사람은 내면에
자신의 정체성에 대한 거울을 하나씩 가지고 있다.
우리는 의식하지 않아도 매 순간
거의 자동적으로 각자의 내면에 있는 거울에
말을 걸고 그 대답을 들으며 살아간다.

이렇게 대답하는 자아도취적 거울이 있는가 하면, 객관적으로 봤을 때 여러 면에서 충분히 훌륭한데도 '아니 그것밖에 안 돼? 좀더 노력해야지. 이 정도 성취로 만족하다니 정말 바보 같은 녀석이야. 더 열심히 해서 더 많은 성취를 이뤄야 해. 네 존재 가치를 얻으려면 이 정도로는 어림도 없어' 같은 식으로 채찍만 휘두르는 거울도 있다. 앞의 부장의 경우에는 아마도 다음과 같은 대화가 순간적으로 그의 내면에서 오갔을 것이다.

> **부장** 거울아 거울아, 아까 그 대리가 나를 봤을까 못 봤을까.
> **내면 거울** 당연히 봤겠지.
> **부장** 그런데 왜 인사를 안 했을까.
> **내면 거울** 그야 당연하지. 너는 이빨 빠진 호랑이인데 누가 그렇게 널 존중하겠어? 너 자신의 모습을 봐. 별 볼 일 없는 네 모습을.

자존감이 낮은 사람들, 또는 어떠한 이유로든 일시적으로 자존감이 낮아진 상태의 사람들의 내면 거울은 이렇게 자신의 문제 중 관련이 적을 수도 있는 부분을 지나치게 부정적인 방향으로 해석하거나 단지 일부분인 부정적인 면을 전체적으로 확대해서 비춘다.

만약 자존감이 좀더 높은 사람의 경우라면 내면의 대화가 이런 식으로 이루어질 것이다.

나는 아직도 사람이 어렵다

부장 거울아 거울아, 아까 그 대리가 나를 봤을까 못 봤을까.

내면 거울 글쎄, 분명치 않은데 봤을 수도 있고 아닐 수도 있겠지.

부장 만약에 봤다면 왜 인사를 안 하고 그냥 갔을까.

내면 거울 봤는지 못 봤는지 분명치는 않지만, 만약에 봤다면 거리도 좀 애매했고, 거기서 인사하는 게 다소 어렵다고 느꼈겠지. 게다가 너랑 직급 차이가 많이 나잖아. 아직은 부장을 많이 어려워할 수 있을 때니까……

자신을 많이 희생해가면서 후배를 위해 노력하다가 결국 큰 상처를 입고 우울해진 유미정씨의 경우에는 아마도 내면에서 이런 식의 대화가 오갔을 것이다.

미정 거울아 거울아, 나 어때?

내면 거울 별로야. 예쁘지도 않고 능력도 부족해. 게다가 단점 투성이야. 다른 사람의 사랑을 받으려면 지금처럼 해서는 어림도 없어. 다른 사람에게 좀더 네 시간과 에너지를 들여야 돼.

미정 친한 후배가 생겼어. 내가 많이 도와주고 있는데 어때 보여?

내면 거울 어림없어. 그 정도로 사랑받고 인정을 받겠다고?

(후배에게 거절을 당하고 난 이후의 과정)

미정 너무 화가 나. 내가 그렇게 잘해줬는데, 대체 뭐가 문제인 걸까.

내면 거울 넌 그렇게 당해도 싸. 너는 사랑받을 자격이 없고 보잘것없는 사람이야.

내면 거울은 그 생김새의 형성이 어느 정도 타고나지만 양육과정, 특히 유년 시절의 경험이 중요하게 작용된다. 유미정씨의 경우도 마찬가지였다. 유미정씨가 자신에 대해 지나치게 가혹한 내면 거울을 갖게 된 데는 힘든 유년 시절이 중요한 원인으로 자리했다. 그녀의 어머니를 포함한 모계 쪽 가족들은 대부분 성격이 예민했다. 어머니와 외삼촌들, 이모들은 사소한 일도 부정적으로 생각하는 경향이 강했다. 미정씨의 어머니는 산후 우울증을 심하게 앓았고, 산후 우울증이 좀 나아질 무렵에 미정씨의 동생이 생겼다. 유년 시절을 돌아보면 미정씨는 늘 기운 없고 아팠던 엄마의 모습과 동생에게든 누구에게든 양보해야 했던 자신의 모습이 떠올랐다. 그녀는 누군가에게 충분히 의지해보거나 무엇이든 받아보고 누려보는 식의 충족을 별로 경험하지 못했다. 그러다보니 직장에서든 어디서든 상대에게 뭔가를 계속 해주다가 결국에 상처받는 일이 되풀이됐던 것이다.

나는 아직도 사람이 어렵다

나와
친해지는 주문,
'괜. 찮. 다……
괜. 찮. 다……'

　　　　　"세 살 버릇 여든 간다"라는 속담
이 있다. 인간의 심리 발달에 그대로 적용될 수 있는 말이다. 만
으로 세 살경이면 평생 살아갈 성격의 개략적인 주물이 만들어
지고, 만으로 예닐곱 살 정도 되면 그 틀이 거의 잡힌다. 90점을
맞고도 100점을 못 받았다고 비난받는 분위기에서 자란 아이는
성인이 된 후 가시적인 성취를 이루어도 늘 부족하다고 느낄 수
밖에 없는 내면 거울을 갖게 된다. 끊임없이 노력하고 사회적인
성취를 거둔다 하여도 그 '밑 빠진 독'은 평생 제대로 채워지지
않는다.
　　물론 우리 삶에서 어느 정도는 이런 면이 필요하다. 결핍은

필요를 만들고, 필요는 성취를 만든다. 속 편하고 마음 편하고 몸 편한 사람은 성취를 위해 노력하지 않을 것이다. 다만 가혹한 내면 거울을 가진 사람은 아무리 큰 성취를 해도 그 성취를 충분히 즐기지 못한다. 사회적으로 성공한 많은 사람들이 겉모습에 비해 행복하지 않은 경우도 이런 측면과 관련된다. 이러한 내면 거울, 성격적인 틀은 신경세포와 신경망을 기반으로 형성된다.

마음도 훈련으로 길들일 수 있다

지금으로부터 20여 년 전, '파마산 치즈'로 유명한 이탈리아의 파르마 지역에 위치한 한 실험실에서 신경과학 역사상 가장 중요하면서도 대단히 흥미로운 발견이 이루어졌다.

리졸라티Rizzolatti가 이끄는 연구팀은 원숭이의 뇌에 전극을 꽂아서 여러 조건에 따른 반응을 관찰하는 실험을 했다. 영장류의 뇌는 재미있게도, 최종적으로 몸의 통증을 느끼는 통증 중추는 뇌에 있지만 대뇌 자체는 통증을 느끼지 못한다. 그래서 원숭이로 뇌 실험을 할 때, 대뇌에 전극을 찔러놓은 뒤 원숭이가 깨어 있는 상태에서 실험을 진행해도 원숭이는 그로 인한 통증을 느끼지 않는다.

어쨌든 리졸라티의 실험실에서는 그날도 원숭이의 운동을 담당하는 뇌 부위에 전극을 꽂은 채 실험을 진행했다. 그러던 중, 실험실 연구원도 쉬고 있고 원숭이도 가만히 있던 상태에서 갑자기 전극과 연결된 컴퓨터에 신호가 울렸다. 역사적으로 의미 있는 과학적 발견이 대개 그렇듯, 이 또한 굉장히 우연히 일어난 일이었다. 모든 사람이 대수롭지 않게 흘려버리는 그 우연을 실험실 연구원들은 놓치지 않았다. 원숭이가 전혀 움직이지 않았는데, 움직임을 담당하는 뇌 부위가 활동하다니! 그 순간에 대해서 연구원들은 다소 엇갈리게 기억한다. 한 연구원은 자신이 그때 땅콩을 먹는 걸 원숭이가 봤다고 기억했고, 다른 연구원은 몇몇 연구원이 실험실에서 아이스크림을 먹고 있었다고 기억했다. 땅콩이든 아이스크림이든, 어쨌건 다른 사람의 입 속으로 음식이 들어가는 동작만 보고서 원숭이의 운동 관련 뇌는 활동했다. 이것은 정말 획기적인 발견이었다. 누군가 아이스크림을 먹는 모습을 보면, 시각과 관련된 뇌 부위는 당연히 활발해질 것이다. 이는 오래전부터 잘 알려진 사실이다. 그러나 자신의 몸은 전혀 움직이지 않았는데도, 남이 움직이는 것, 남이 먹는 동작만 보고도 운동을 담당하는 뇌 부위가 활동한다는 것은 기존의 개념을 뒤바꾼 획기적인 발견이었다.

중고등학교 시절 생물시간에 배웠듯이, 우리 뇌에는 운동을 담당하는 부위, 판단을 하는 부위, 시각을 통해 들어오는 정보를 받아들이는 부위가 각각 따로 있다. 이 발견은 운동을 담당한다고 알려졌던 뇌 부위 중 일부 신경세포가 상대의 동작을 시뮬레이션하고 상대의 마음을 이해하는 '역지사지'나 '공감'과 관련된 과정에도 관여한다는 점에서 흥미롭다. 연구진들은 이 신경을 '거울 신경세포mirror neuron'라고 이름 붙였다. 테니스 마니아들이 샤라포바나 페더러의 시합을 보면서 자신도 경기를 하는 것처럼 느끼는 것도 이 신경세포 때문이며, 슬픈 영화를 보면서 영화 속 주인공과 똑같은 감정을 느끼게 되는 것, 자신의 일인 양 가슴 아파할 수 있는 것도 이 거울 신경세포가 활성화되기 때문이다. 대화중 상대방이 자꾸 기침을 하면 나도 모르게 기침이 나오는 것, 상대가 자꾸 몸을 긁으면 나도 왠지 몸이 가려워지고 긁고 싶어지는 것도 모두 마찬가지다.

거울 신경세포는 공감과 자존감의 문제와 중요하게 관련된다. 이름부터 그렇듯, 내면 거울과 거울 신경세포의 기능이 직결되어 있는 것이다. 자존감이 낮은 사람들의 거울 신경세포는 남이 나를 어떻게 볼 것인가 하는 물음과 관련해서 지나치게 예민하게 활동한다. 사람의 성격이나 내면과 관련된 부분이 잘 바뀌지 않는 이유도 이와 관련된다. 그런 부분들이 바뀌기 위해서는 관련된 신경세포나 신경망이 바뀌어야 하기 때문이다.

조금 다른 측면에서 보자면, 사람의 성격이나 내면적인 특성이 잘 바뀌지 않거나, 오래된 마음의 상처가 잘 잊히지 않는 것은 바로 기억 때문이다. 인간의 기억은 크게 두 종류로 나뉜다. 초등학교를 어디에서 다녔고, 중학교 1학년 때 담임선생님이 누구였고, 오늘 아침에 무엇을 먹었는지 등 사실과 관련된 기억이 그 하나다. 다른 하나는 일단 한 번 몸에 익히면 20년 동안 자전거를 타지 않았다고 하더라도 언제든 안장에 오르면 몸이 기억해서 저절로 다시 타게 되는 종류의 기억이다. 후자를 암묵 기억implicit memory이라고 한다. '세 살 버릇'처럼, 결혼하고 나서 치약을 어디서부터 짜는지, 옷을 어디에 걸어두는지 등의 사소한 문제 때문에 부부싸움을 하거나 핀잔을 들어도 습관이 잘 바뀌지 않는 이유는 이런 암묵 기억 때문이다.

암묵 기억과 관련해서는 상당히 흥미로운 이야깃거리가 많다. 몇 년 전 개봉했던 영화 〈건축학개론〉에는 다음과 같은 장면이 나온다. 헤어진 지 15년이나 흘렀음에도 승민(엄태웅 분)의 마음속에서 서연(한가인 분)에 대한 감정은 전혀 변하지 않은 채 마지막 기억 그대로 봉인되어 있다. 겉으로는 아니라 하더라도, 그의 여러 행동은 그녀에 대한 태도나 감정이 전혀 변하지 않았음을 보여준다. 그들이 다시 만난 지 얼마 안 됐을 때 일이다. 학교 운동장에 갔을 때 맨바닥에 앉으려던 서연을 승민이 잠깐 멈추게 한 뒤 바닥에 깔 것을 대준다. 승민은 15년 전 그녀와 폐가에 처음 갔을 때도 똑같은 행동을 보인 바 있다. 아무리 말로는 아니라고 해도, 그의 몸에 기억으로 각인된 서연에 대한 태도는 15년이 흘렀음에도 불구하고 소멸되지 않은 채 그대로 남아 있었던 것이다.

유년 시절을 지나면서 형성되는 인간의 내면 거울도 마찬가지다. 그에 관련된 신경망이 바뀌어야만 무언가가 바뀌기 때문에 변화가 쉽지 않다. 하지만 불가능하지는 않다. 가장 권할 만한 방법은 상담 전문가를 찾아서 자신의 내면의 문제와 관련된 상담을 길게 받는 것이다. 그러나 여건상 또는 각자의 생각 등에 따라 현실상 그러지 못하는 경우가 훨씬 더 많다. 그렇다면 혼자서라도 의식적으로 자신의 내면 거울이 어떤 상태인지를 계속 들여다보고 문제가 있어 보이는 부분에 대해 심리적인 노력을 쏟을 수 있다.

유미정씨의 경우라면 우울하거나 자신이 초라해질 때마다, 상대에게 화가 날 때마다, '이건 내 안의 거울 문제야. 실제의 난 지금 느끼는 것보다는 좀더 괜찮은 사람이야. 괜. 찮. 다……'라고 되뇔 필요가 있다. 이런 다짐을 몇 번 반복한다고 해서 마음 상태가 금세 바뀌지 않는다. 이 책을 비롯해 심리 관련서 몇 권을 보고 잠시 마음의 위안을 얻었다고 해서 당신의 뇌신경망이 바로 바뀔 리 없다. 다만 스스로를 다독이고 스스로에게 자신감을 심어주는 과정을 꾸준히 반복하면 어느 순간 효과가 나타나기 시작한다. 우리의 마음과 뇌신경은 참으로 신기한 구석이 있어서, 그렇게 의식적으로 노력을 반복하고, 꾸준하게 되뇌는 과정이 일정 수준 이상 지속되면 신경회로가 변한다는 사실이 과학적으로 증명되어 있다.

'나'의 내면 거울을
객관적으로 보기

유미정씨를 상담하면서 상담가로서 상당히 흥미로웠던 점 중 하나는, 유미정씨는 누가 보기에도 상당한 미인이었음에도 본인은 전혀 그렇지 않다고 생각한다는 점이었다. 물론 외모는 보는 사람의 주관이 많이 작용하는 부분이지만 그렇다 하여도 유미정씨는 상당한 미인이었다. 하지만 스스로는 그렇지 않다고 느꼈기에 옷차림이나 화장이 자꾸 화려해졌다. 이러한 평가는 단순히 외모 차원에 그치지 않았다. 자신의 능력이나 환경 등 모든 것에 대해 그녀는 자신을 지나치게 평가 절하했다. 그녀는 샐리-앤 테스트의 샐리처럼 그 상황에만 들어가 있을 뿐, 객관적인 위치에서는 전혀 바라볼 수 없었다. 당신 또한 그런 상황일 수도 있다. 유미정씨가 그랬듯 당신도 이렇게 반론을 제기할 수도 있다.

"제가 이렇게 느끼는 것은 정말 확실하고 객관적인 거예요. 단순히 주관적으로 생각하는 게 아니란 말이에요."

그렇다면 유미정씨와 같은 상황에 처한 사람이 자신의 행동이나 반응이 지나치다는 것, 스스로에게 '괜. 찮. 다'고 계속 타이르면서 자신을 더 구석으로 몰지 말아야 한다는 것을 어떻게 알 수 있을까.

일단 본인 스스로 '객관적'으로 알 수 있는 방법은 없다. 유미정씨에게 다소 걱정 섞인 충고를 했던 과장처럼 주위 사람들의 의견을 가능한 한 받아들이고 스스로를 객관적으로 돌아보려고 노력하는 것이 가장 좋은 방법이다. 하지만 그런 충고를 들으면 기분만 상하고 마는 경우도 많다. 만약 자신을 위한 조언을 듣고 기분이 나쁘다면 그런 감정적인 반응 자체를 당신의 내면 거울이 과하게 작동중이라는 강력한 반증으로 받아들여야 한다.

두번째 방법은 감정적 반응의 강도나 적절성을 가늠하는 것이다. 거절을 당한 후 잠시 기분이 상한 정도가 아니라 유미정씨의 경우처럼 지속적으로 강렬한 감정적 반응이 나온다면 남이 아닌 나의 문제일 가능성이 높다는 증거로 삼을 수 있다. 조금 다른 경우지만 '이유 없이' 어떤 감정이 든다고 느낄 때가 있다. 이러한 경우도 바로 나 자신의 내면 거울에 문제가 있다는 분명한 증거가 된다.

이광명씨는 서른다섯 살의 증권회사 과장이었다. 성실했고 성격도 모나지 않아 대인관계가 괜찮았다. 그런데 얼마 전 입사한 신입 사원이 이상하게 자꾸 신경쓰였고 눈에 거슬렸다. 딱히 그가 무슨 문제를 일으키는 것도 아니었는데, 그 직원을 대할 때면 괜히 짜증이나 화가 났다. 특별히 잘못한 것도 없는 부하 직원을 야단치는 것은 말이 안 되는 일이어서 그럴 때마다 스스로를 다잡으려고 노력했다. 그럼에도 불구하고 감정의 통제가 쉽지 않을 때가 많았다. 아직 신입 사원인 탓에 군기가 덜 빠져서인지 그 직원은 늘 긴장하고 있었다. 하지만 빠릿빠릿한데다가 상당히 싹싹하고 성실파였다. 전형적인 예스맨이었던 것이다.

나는 아직도 사람이 어렵다

그래서 그 부서의 다른 직원들은 그를 좋게 평가하고 있었다. 이과장도 리더로서 부하 직원을 이유 없이 불편해해서는 안 된다고 생각했기에 마음이 무겁고 힘들 때가 많았다.

면담과정에서 그 부하 직원의 예스맨 같은 모습이 이과장의 신입 시절의 모습, 나아가 그의 어린 시절의 모습과 무척 닮아 있다는 사실이 밝혀졌다. 유년 시절 동안 그의 아버지는 이과장의 그런 모습에 대해서 다른 사람들의 요구만 자꾸 맞춰준다며 패기가 없다고 비난과 핀잔을 자주 했다고 한다. 때문에 이과장은 이타적인 노력을 하거나 봉사를 한 다음에도 뿌듯하거나 마음이 편하기보다는 왠지 모르게 불편했고 수치스러웠다. 결국 자신의 옛 모습과 비슷한 부하 직원의 모습이 이과장 내면에 있던 거울을 자극하고 작동시켰던 것이다. 부하 직원의 행동을 볼 때마다 자꾸 자신의 내면 거울에 옛 모습이 비추어졌고, 그럴 때마다 내면 거울은 아버지가 그랬던 것처럼 '못난 녀석, 넌 왜 그리 패기가 없냐. 좀 당당하게 굴어. 바보 같은 놈'이라고 그를 꾸짖었던 것이다.

설사 상대의 잘못이라 하더라도 객관적인 상황에 비해 폭발적으로 화가 나는 경우처럼 감정이 과도하게 밀려올 때는 상당 부분은 '나'의 문제, '나'의 내면 거울의 문제일 가능성이 있음을 늘 염두에 두어야 한다.

리더여, 사실 당신은 불안한 것이다!

　　　　　　앞서 이야기한 내용과 겹칠 수 있
지만, 그 중요성을 감안해서 이번에는 리더십에 대해서 구체적
으로 살펴보고자 한다. 당신이 어느 위치에 있건 간에 조직이나
관계에 있어서 리더 역할을 하게 될 때가 있을 것이다. 아무리
작은 부서에서라도 그렇고, 부서 내에서도 반드시 부서장만 리
더 역할을 하는 것은 아니기 때문이다. 가정생활에서도 친구들
과의 관계에서도 마찬가지다. 어느 지위에 있건 어느 관계이건
어느 정도 리더십을 발휘해야 하는 경우를 흔히 맞닥뜨린다.

　　　마틴 체머스Martin Chemers는 리더십을 "공통된 과업의 성취
를 위해 타인의 조력과 노력을 동원할 수 있는 사회적 영향의 과

정"이라고 정의한다. 리더십에 대한 정의나 개념은 대부분 이와 비슷하다. 리더십에 대한 정의는 대부분 타인을 어떻게 움직이게 하느냐에 초점을 맞춘다. 물론 필자는 이에 충분히 동의한다. 그렇지만, 리더십에 관한 많은 이론이나 정의는 리더의 내면에 대한 문제를 간과한다. 필자는 조직 구성원으로부터 자발적인 인정을 이끌어내려는 욕구가 리더에게 가장 중요한 부분이라고 생각한다. 결국 리더십의 주체는 사람일 수밖에 없기 때문이다. 사람이니까 인정받고 싶고, 사람이니까 외로울 수밖에 없다. 윗자리로 올라갈수록 더욱 그렇다. 높은 지위로 올라갈수록 소위 고급 정보는 더 많아지지만, 오히려 인정 욕구와 관련된 정보들, 좀더 사적인 정보는 차단되는 경우가 많다.

고독은
리더의 숙명이다

필자('강')도 전문의 수련 기간이나 이후 과정에서 이런 일을 겪었다. 필자는 교수가 되기 전, 후배들과 스스럼없이 잘 어울려 지냈다. 그런데 교수 발령을 받은 순간 갑자기 관계가 뒤바뀌었다. 어제까지는 "선생님"이라고 부르던 녀석들이 그러지 말라고 해도 "교수님"이라고 부르기 시작했다. 회식도 별 재미가 없어졌다. 후배들은 속얘기를 하지 않기 시작했고, 다들 조금씩 조심스러워졌다. 먼저 망가지면서 그 벽을 허물어보려고도 했지만 허사였다. 대화는 어느 정도 선에서 계속 끊겼고, 분위기는 자꾸만 썰렁해졌다. 분위기를 바꾸려 애쓰다보니 회식 때마다 혼자 떠들다 오는 것 같았다.

결국 이전까지 익숙했었던 관계방식을 포기했다. 저녁식사 보다는 간단히 점심식사를 하는 것으로 회식을 바꾸었고, 저녁 식사를 하더라도 간단하게 마치고 2차 비용을 약간 건네고는 먼저 자리를 뜨곤 했다. 누구든지 이런 시기나 계기가 있기 마련인데, 이런 과정에서 소위 '뒷담화'를 통해 소통되던 정보는 차단될 수밖에 없다. 어떤 의미에서 고립되는 것이다. 그 과정에서 리더는 어느 정도 소외감과 외로움을 경험하고, 동시에 인간으로서의 인정에 대한 욕구 문제가 자극받게 된다. 이때 각자 어떻게 해결하느냐에 따라 문제가 될 수도 그렇지 않을 수도 있다.

소외감과 외로움이 인정 욕구의 좌절과 연결되는 경우, 나아가 리더로서의 자존감에 많은 영향을 미치는 경우 상당한 부작용이 야기될 수도 있다. 이는 크게 두 가지 패턴으로 나타난다.

첫째는 아예 그 부분을 무시하고 힘으로 밀어붙이는 경우다. 일종의 철권 통치를 하는 것이다. 회식 때마다 새벽까지 조직원들을 끌고 다니며 반강제로 술을 먹이고 모두를 인사불성으로 만들어야만 마음을 놓는 리더가 그 예라 할 수 있다. 인정 욕구와 관련된 외로움, 불안 등이 리더의 투쟁 반응으로 이어지는 셈이다. 꼭 부정적으로만 볼 수는 없겠으나, 단합대회 등에서 일사분란한 조직 분위기를 보고 싶어하는 리더들의 심리도 이와

나는 아직도 사람이 어렵다

일맥상통한다.

리더의 투쟁 반응이 심해지면, 별문제가 아닐 수도 있는 조직의 분위기나 개인의 문제에 대해 리더가 지나치게 민감해질 수도 있다. 그렇게 되면 희생양이 생길 가능성이 높아진다. 정권이나 어느 조직에서 수장이 바뀌는 경우처럼 큰 변화의 시기에는 상황 자체가 리더의 불안감을 자극할 가능성이 특히 높으므로 이런 문제가 발생하기 쉽다. 소위 '기강 확립'이라는 명분하에 말이다.

물론, 조직이나 구성원들에게 문제가 많아 나사를 조여야 하는 경우도 분명히 있다. 그렇지만 먼저 리더 자신의 불안이 그 동기가 아닌지부터 충분히 살펴야 한다. 나사를 조이는 방법은 그 순간에는 효과적이거나 효과가 있는 것처럼 보일 수는 있으나 부작용이 많고 그 부작용이 오래 지속될 수 있기 때문이다. 게다가 이런 상황에서 조직원들이 회피 반응을 보인다면 문제가 있어도 겉으로 두드러지지 않기 때문에 문제가 해결된 것 같은 일종의 착시현상이 나타날 수도 있다. 반대로 같은 이유로, 당신이 부하 직원이라면 조직에 큰 변화가 생길 때 특히 조심해야 한다. 불안한 리더가 성난 사자로 돌변할 수 있는 시기이기 때문이다. 이럴 때일수록 투쟁 반응은 물론이고 윗사람을 피하거나 도망가는 듯한 인상을 주어서는 안 된다. 힘들더라도 자신의 위치에서 버티면서 일정 거리를 유지해야 한다.

정반대로 리더가 도피 반응을 보일 때도 있다. 말할 것도 없이 이 경우는 큰 문제가 된다. 리더가 조직이나 부서원들에 대해 가능한 한 깊이 들어가려 하지 않기 때문이다. 이 경우 리더가 우유부단한 태도를 취하는 경우도 흔하다. 이로 인한 부작용은 새삼 말할 필요가 없을 것이다.

'조금이라도 빈틈을 보이면, 너의 리더십은 무너질 거야'

이준영 전무는 전형적인 자수성가형이었다. 시골 농가의 장남으로 태어난 그는 형제 중에서 유일하게 대학을 나왔다. 어렸을 때부터 똑똑해서 1등을 놓치지 않았고, 대학 때부터는 과외를 해가며 본인 힘으로 학교를 마쳤다. 직장생활을 시작하고서는 자타 공인 '워커홀릭'으로 일해 국내 굴지의 대기업의 전무 자리까지 올랐다.

문제는 전무가 된 다음부터였다. 너무 맑은 물에는 고기가 살지 않는다고 했던가. 실무 능력이 그를 그 자리까지 오르게 한 주된 동력이었는데 전무가 되고 보니 주위에 믿고 일을 맡길 만한 사람이 보이지 않았다. 겉으로 티는 내지 않았지만 속으로는 불안했고 외로웠다.

그의 내면의 이런 여린 고양이에게 접근한 것은 김경수 부장이었다. 김부장은 실무 능력보다는 사내 정치에 능한, 타고난 모사꾼이었다. 많은 사람에게 상처를 주고 경쟁자들을 짓밟으며 지금의 위치까지 오른 이였다. 성공한 소시오패스의 전형인

사람이니까 인정받고 싶고,
사람이니까 외로울 수밖에 없다.
윗자리로 올라갈수록 더욱 그렇다.
높은 지위로 올라갈수록
소위 고급 정보는 더 많아지지만,
오히려 인정 욕구와 관련된 정보들,
좀더 사적인 정보는 차단되는 경우가 많다.

인물이었다. 달변가였고, 누가 봐도 인물이나 '허우대'가 훤칠했다. 자신감 넘치는 그의 모습을 보면 그가 무슨 말을 해도 누구든 그럴듯하게 여겼다. 그러나 해당 사안에 대해 정통한 사람이 봤을 때는 겉으로만 그럴싸할 뿐, 별 내용이 없거나 엉터리인 경우가 대부분이었다. 부장 정도까지 되니, 그의 실체에 대해 알게 된 사람이 조금씩 늘어났고 적도 많아져 김부장은 회사 내의 입지가 상당히 좁아졌다.

이런 김부장이 이전무에게 접근했다. 접근방식은 다름아닌 아첨과 모함이었다. 다른 사람들은 이전무를 어려워하고 조심스러워했지만, 김부장은 틈나는 대로 이전무에게 선물 공세를 폈고 칭찬을 아끼지 않았으며, 자수성가한 이전무를 이상화했다. 이전무는 그런 김부장을 처음에는 다소 부담스러워했다. 하지만 점차 김부장에게 심리적으로 많이 의존하게 되었고, 다른 사람의 말은 잘 듣지 않게 되었다. 그러던 중 법적으로 문제가 생길 수 있는 투자 건을 이전무가 김부장의 말만 듣고 별 의심 없이 맡겼다가 탈이 났다. 결국 몇 년 뒤 김부장에게 오랫동안 당해온 어느 직원이 사장에게 투서를 써서 사건의 전말이 드러났고, 김부장이 거래처에서 상당한 뇌물을 받고 일을 진행했다는 사실이 알려지게 되었다. 결국 이로 인해 이전무는 옷을 벗었다.

정범수 상무는 대인관계가 그다지 좋지 않은 사람이었다. 작은 것에도 욕심이 많았기 때문이다. 입사 동기들이나 그를 잘 아는 선후배들은 그가 임원까지 되리라고 예상하지 못했다. 하지만, 회사 내부 사정으로 정말 운좋게도 임원이라는 별을 달게 되었다. 그러나 욕심이 너무 많고 간장 종지처럼 그릇이 작다보니 부하 직원들 관리에 어려움이 많았다.

그러던 중 새로 꾸린 팀에 하수경이라는 젊은 대리가 팀원으로 들어오게 되었다. 그녀는 대단히 애교가 많았는데, 정상무에게도 때로는 남자친구를 대하듯 때로는 어린 딸이 아빠에게 아양을 떨듯 스스럼없이 행동했다. 회식 자리에서는 정상무 옆자리에 앉아서 갖은 교태를 부렸고, 정상무에게 존댓말과 반말을 적당히 섞어 이야기했으며, 그가 썰렁한 농담이라도 한다 치면 진심으로 즐거운 듯 그의 무릎을 치며 웃기도 하였다. 안 그래도 외로웠던 정상무는 그녀에게 급격히 마음이 기울었고, 급기야 둘은 몰래 사귀기 시작했다.

그 선에서 멈췄다면 더 큰 사단은 일어나지 않았을지도 모른다. 하지만 베갯머리 송사라 했던가. 하대리는 정상무와 사귀기 시작한 후부터 다른 직원들에게 안하무인으로 행동했다. 과장급까지는 아예 대놓고 무시했고, 부장이 뭐라고 야단을 쳐도 코웃음만 치곤 했다. 다른 동료가 내놓은 아이디어나 다른 동료의 실적을 정상무를 이용하여 가로채기도 했다. 하대리의 만행을 견디다 못한 핵심 직원 두 명이 동시에 사표를 내면서, 정상무와 하대리에 대한 소문이 공식화되었고 결국 정상무는 회사를 그만두게 되었다.

사회적으로 성공한 사람들 중에서 생각보다 많은 경우가 다른 사람들 눈에는 빤하게 보이는 아첨이나 교태에 넘어간다. 지위가 올라갈수록 그 내면의 여린 고양이가 더 불안해지고 외로워질 가능성이 크기 때문이다. 왕이나 대통령 주변의 아첨꾼들에 관한 숱한 이야기들, 르윈스키와의 스캔들로 전 세계를 떠들썩하게 했던 클린턴의 얘기 등은 이러한 맥락에서 그 이유를 찾을 수 있다. 옳으냐 그르냐를 떠나 아첨꾼들은 상대의 이면, 겉으로 보이는 사자의 탈 뒤에 숨어 있는 여린 고양이에게 계속 말을 건다. 따라서 지위 고하를 불문하고 리더의 역할이 주어지는 모든 이는 자신의 내면 거울이 어떤 상태인지 끊임없이 의식적으로 생각하고 살펴야 한다.

'절대 나약한 모습을 보이면 안 돼' '부하 직원들에게 조금이라도 빈틈을 보이면 너의 리더십은 금방 무너질 거야' '지금 이 정도로는 충분치 않아. 넌 형편없는 리더야. 그러니까 저 녀석들이 널 쉽게 보잖아'라고 자신의 내면 거울이 말하고 있지 않은가. 이런 식으로 왜곡된 내면 거울의 소리를 비판적인 생각 없이 따라가다보면 겉으로는 강하고 화려하게 살지 몰라도 결과적으로 스스로 고립될 것이다. 결국 내면의 두려움, 내면의 외로움은 계속 커질 수밖에 없다. 당연히 어이없이 아첨꾼들에게 넘어갈 위험이 높아진다.

드라마 〈하얀 거탑〉의 장준혁(김명민 분)처럼 겉으로는 너무도 강하고 남부러울 것 없어 보이지만, 자신의 내면에 약한 부분

나는 아직도 사람이 어렵다

이 있다는 것, 그런 자신의 모습이 못나지 않았다는 것을 받아들이지 못하는 이가 많다. 결국 자기 자신의 두려움이 자신을 힘들게 하고 아무도 주위에 다가오지 못하게 해서 스스로를 고립시켰음을 인정하지 못하는 이도 많다. 겉으로는 강해 보이지만 속은 썩고 비어서 언제 부러질지 모르는 소나무 같은 사람 말이다.

당신이 힘든 건
당신이
무능해서가
아니다

　　　　　서른일곱 살 증권사 과장인 강명
원씨는 최근 실적과 관련해 스트레스가 많았다. 적극적이고 급
한 성격인데다가, 의사결정이 빠르면서도 정확했기에 그동안 늘
공격적으로 업무에 임했고, 결과도 괜찮았다. 연말 성과급 명단
에서도 항상 상위권에 속했다. 그러다 재작년부터 조금씩 문제
가 생기기 시작했다. 경기와 주식 시장의 사정이 전반적으로 좋
지 않아져 강과장도 그 영향을 받았던 것이다.

　　늘 자신이 원하는 수준에 가깝게 성과를 내던 그는 점차 초
조해졌다. 일 때문에 밤 늦게 퇴근해서도 머릿속이 복잡해 이런
저런 생각이 끊이지 않았다. 자려고 누워도 머릿속의 '엔진'이

꺼지질 않았다. 소화도 잘 안 돼서 뭘 먹어도 속이 자꾸 더부룩했고, 자꾸 트림이 나오면서 가슴이 답답해졌다. 예전과 달리 두통도 잦아졌다. 최근 몇 주 사이에는 기억력이 눈에 띄게 떨어져서 '이 나이에 벌써 치매인가' 하는 걱정이 들 때도 있었다. 가정의학과나 내과, 한의원 등을 전전하면서 '자율신경계 이상'이라는 진단을 받은 뒤 약을 복용하기도 하고 침을 맞거나 한약을 먹기도 했지만 별반 차도는 없었다.

그러던 어느 날, 주말에 접대 골프를 치던 중 갑자기 숨이 턱 막히면서 죽을 것 같은 공포가 순간적으로 밀려왔다. 식은땀이 비 오듯 흘렀고, 심한 어지러움증에 제대로 서 있을 수도 없었다. 구급차로 병원으로 이송되는 도중에 신기하게도 증상이 저절로 사라졌다. 인근 병원 응급실에 도착해 이런저런 검사를 했지만 별다른 이상은 없다고 했다. 귀가한 뒤로 골프장에서의 그 공포스러운 경험이 자꾸 머릿속에 맴돌아 불안해졌다. 그러던 중 우연히 자신의 증상이 '공황장애'와 비슷하다는 신문 기사를 보고 클리닉에 내원하게 됐다.

**스트레스 증상은
정신적 나약함의
결과가 아니다**

강과장은 첫 면담에서 그런 극심한 현상이 스트레스와 관련될 수 있다는 것, 전 인구의 약 40퍼센트 정도가 일생에 한두 번 정도는 공황 증상을 겪을 수 있다는 것, 그리고 절대 생명에는 지장이 없다는 사실을 듣고서는 많이 안심하는 모습이었고 불안 증상도 줄어들었다. 그렇지만 몇 번의 면담 후에도 소화 불량과 가슴 답답함, 두통 등의 증상은 계속됐다. 심리적인 스트레스가 어떻게 신체적인 증상으로 이어질 수 있는지 충분히 설명했음에도 강과장은 그 과정을 납득하기 어려워했다. 물론 자신이 그간 스트레스를 많이 받았다는 사실은 인정했지만, 그로 인해 심신의 변화가 생긴다는 사실을 받아들일 수 없었던 것이다. 강과장은 스트레스 반응을 자신의 의지로 통제하고 조절할 수 없다는 사실을 자신의 무능함의 증거라고 받아들였다.

스트레스 클리닉을 찾는 상당수, 아니 거의 대부분의 직장인들이 스트레스 증상을 의지 박약이나 정신적 나약함의 결과로 생각한다. 우리나라의 경우 특히 많은 남자들이 이렇게 생각한다. 그러나 결론부터 말하자면, 스트레스 증상은 의지나 정신력과는 전혀 별개의 문제다. 스트레스 증상은 인간을 포함한 모든 동물이 수백만 년 동안 지구상에서 살아남으면서 자신을 보호하기 위해 진화시킨 일종의 보호 장치다. 당장 내일 전쟁이 난다거나 큰 태풍이 몰아친다고 예보하는데도, 혹은 내일 모레가 중요한 시험인데도 긴장이 되지 않고 온몸이 이완 상태라면 제대로 생존할 수 없을 것이다. 적절한 스트레스 반응은 스트레스 상황에서 반드시 필요하다. 스트레스 상황의 전형적인 경우가 앞서 말한 '투쟁이냐 도피냐'의 반응 선택에 놓이는 경우다.

반대로 이러한 보호 기전이 너무 오랫동안 지속되거나 강도가 지나치게 강할 때는 어느 순간부터 심신에 부정적인 영향을 미치게 된다. 따라서 심리적인 이해 못지않게 대인관계든 일이든 일단 우리 몸에서 스트레스 반응이 왜 일어나고, 어떻게 생겨나는지를 이해해야 자신과 친해질 수 있다. 내 몸 역시 나의 중요한 일부이니 말이다.

마음이 아프면 몸도 아프다

많은 이들이 생각하는 것과 달리, 스트레스 반응은 거의 대부분 신체적인 반응으로 나타난다. 스트레스로 인한 신체 반응은 우리 몸에서 이상이 생길 수 있는 모든 증상이 가능하다고 보면 된다. 즉, 탈모, 안구건조증, 두통, 입 마름, 이명, 목소리 잠김, 뒷목 통증, 어깨 통증이나 결림, 턱관절 통증, 숨참, 가슴 벌렁거림, 혈압 상승, 기운 없음, 면역기능 저하, 소화기능 장애, 배뇨 장애, 성기능 저하, 식이 장애, 손발 저림, 식은땀, 불면, 기억력 및 집중력 장애 등 인체가 보일 수 있는 거의 모든 반응이 포함된다. 수많은 증상 중 몇 가지만 특징적으로 나타날 수도 있고, 계속 다른 증상으로 바뀔 수도 있다. 다음과 같은 상황을 예로 들어보자.

술집에서 옆 테이블에 앉은 사람들과 시비가 붙었다. 앞사람의 목소리도 들리지 않을 정도로 큰 소리로 떠드는 옆 테이블에 주의를 준 것이 화근이었다. 막상 일어나서 보니 '조폭'처럼 건장한 체격의 남자들이 취기로 당장 주먹을 날릴 기세다.

이 경우 죽기 살기로 싸워서 이기든 삼십육계 줄행랑을 치든 우선 재빨리 결정을 해야 한다. 그리고 그런 급박한 결정을 제대로 내리기 위해서는 우리의 뇌가 활발히 활동해야 한다. 또한 싸우든지 도망가든지 하려면 몸의 부위 중 팔다리의 근육이 중요하다. 뇌와 근육이 활동하기 위해서는 연료가 필요하다. 그렇다면 우리 몸에서는 무엇을 연료로 쓸까?

답은 두 개다. 바로 산소와 포도당이다. 이 둘을 뇌와 근육에 빠르게 보급해야 하는데 이는 혈관을 타고 흐르는 혈액을 통해서 이루어진다. 스트레스 상황에서 이들 연료를 빨리, 많이 공급하는 방법은 간단하다. 혈관이라는 '호스'의 압력을 높이는 것이다. 스트레스 상황에서 혈압이 올라가고 심장이 훨씬 강하게 박동하는 것은 이러한 이유에서다.

상담을 하다보면, '스트레스를 받으면 혈압이 올라간다'면서 걱정하는 사람이 많다. 건강상의 의미는 둘째치고, 스트레스 상황에서 혈압이 오르는 것은 당연하고도 필요한 현상이다. 많은 내담자들에게 늘 하는 얘기지만, 스트레스 상황에서 혈압이 오르지 않는다면 그것이야말로 문제다. 그런 상황에서는 누구나 혈압이 오르지만, 대부분은 주관적으로 이를 잘 느끼지 못할 뿐이다. 효율적인 연료 보급의 문제는 압력만 높여서 해결되지 않는다. 이럴 때 우리 몸은 혈액을 빨리 돌게 하는 방법도 취한다.

나는 아직도 사람이 어렵다

우리 몸의 펌프인 심장이 펌프질을 빠르게 하는 것이다. 이러한 이유에서 우리는 스트레스를 받거나 긴장하면 맥박이 빨라지고 가슴이 두근거리게 된다. 화가 날 때 얼굴이 벌개지는 이유는 혈액이 주로 뇌나 심장 등 위쪽 부위로 몰리기 때문이다.

혈액 속에 있는 연료, 즉 산소와 포도당은 그 양이 한정되어 있다. 그렇다고 언제 발생할지도 모르는 스트레스 상황에 대비해서 평상시에도 혈액 속에 그 연료들을 잔뜩 넣어서 돌린다면 대단히 비효율적일 것이다. 산소의 경우는 간단히 보충할 수 있다. 숨을 많이, 자주 쉬면 되기 때문이다. 스트레스 상황에 처하면 숨이 차는 것은 산소를 빨리, 많이 들이마시기 위해 발동되는 기전이다. 그런데 포도당은 어디에서 얻을 수 있을까? 스트레스 상황에서 급하게 포도당을 구하기 위해서 음식을 섭취할 수는 없지 않은가. 우리 인체는 그런 면에서 굉장히 효율적으로 진화되었다. 평상시 우리 몸은 글리코겐이라는 물질로 포도당을 변형시켜서 간에 저장해놓는다. 그러다 급박한 스트레스 상황이 되면 바로 간에서 포도당을 혈액으로 방출시킨다. 포도당이 혈액으로 쏟아지니 혈당이 높아질 수밖에 없다. 스트레스가 너무 많거나 만성화되어서 혈당이 계속 높은 상태를 유지하는 것은 문제지만, 스트레스 상황일 때 혈당이 올라가는 것은 우리 몸을 보호하기 위한 당연한 현상이다.

이처럼 스트레스, 특히 급성 스트레스 시기에 처하면 우리 몸은 뇌, 근육, 심장, 폐의 기능을 활발하게 유지하는 데 전력을 다하고 몸의 다른 기능은 모두 차단시키거나 최대한 줄인다. 잠깐 동안 면역기능이나 분비기능을 차단한다고 해서 죽을 만큼 치명적인 해를 입지는 않을 것이다. 스트레스가 높아지면 면역기능이 떨어지면서 잔병치레가 늘어나고, 침 분비가 잘 되지 않아 입이 바싹바싹 마르는 것은 이런 이유에서 일어나는 증상이다.

화병은 과도한 스트레스의 결과다

생존이나 건강과 직결될 수도 있는 급성 스트레스 상태에서는 당연히 온몸의 감각이 예민해질 수밖에 없다. 수십만 년 이상 진화해온 생명체라는 관점에서, 우리가 원시시대에 와 있다고 가정해보자. 해는 저물어 밖은 캄캄해졌고, 우리는 동굴로 들어와 피워놓은 불 주위에 둘러앉아 몸을 덥히고 있다. 오늘은 운이 좋아서 토끼를 두 마리나 잡아서 구워 먹었다. 낮 동안 많이 돌아다닌 탓에 금세 졸음이 몰려온다. 그러던 중, 갑자기 동굴 바깥의 입구 쪽에서 바스락거리는 소리가 난다. 한 번으로 그치지 않고 점차 소리가 커진다. 잠이 확 깰 것이다. 더이상 풀숲에서 소리가 나지 않더라도 당신은 편히 잠들 수 없을 뿐만 아니라 청각이 대단히 예민해져 밤새 작은 소리도 놓치지 않을 것이다.

현대인인 우리가 스트레스 상황에 처하면 잠이 줄고, 평소 같았으면 신경도 안 쓸 소리에 쉽게 놀라거나 짜증나는 것은 이런 이유에서다. 스트레스 상황에서는 주로 청각과 촉각이 예민해진다. 혹시라도 몸의 어떤 변화가 있을 때 이를 최대한 빨리 느끼도록 하기 위해서는 촉각이 예민해질 수밖에 없다. 촉각이 예민해지면 평소에는 통증으로 느끼지 않을 정도의 자극으로도 통증을 느끼게 된다. 심한 스트레스 상태나 만성 스트레스 반응을 보이는 사람이 두통을 비롯한 각종 통증 질환을 많이 앓는 것도 이 때문이다. 심지어는 딱히 상처나 환부가 없는데도 피부가 따끔따끔하다거나 살짝만 스쳐도 쓰리거나 아픈 경우도 발생한다. 이런 상황에서 갑자기 배가 고프면 참 난감할 것이다. 단순히 상식적으로 생각해봐도 식욕은 떨어질 수밖에, 아니 떨어져야만 한다. 굳이 소화를 빨리 시켜야 할 필요가 없으므로 소화기능이나 소화액 등의 분비는 당연히 저하된다. 이런 상황에서 갑자기 성욕이 일어난다면 어떻겠는가. 그렇기에 성기능 또한 감소된다.

화병이라는 질환 내지 상태는 과거 또는 현재의 과도한 스트레스 상황으로 이러한 각종 증상들이 지속되는 경우를 말한다. 화병 환자 중 상당수가 손발이 저리거나 차갑거나 시리다고 호소한다. 우선은 피부 감각의 변화 때문이고 다른 이유는 손발처럼 뇌나 심장으로부터 먼 부위나 피부 쪽에 혈액이 잘 흐르지 않기 때문이다. 앞서 말한 바처럼, 우리 몸에서 스트레스 반응이 일어나면 인체는 자동적으로 뇌, 근육, 심장, 폐, 이렇게 가장 중요한 네 개의 부위 외에 다른 부위에 대해서는 모두 그 기능을 차단시키거나 연료(산소, 포도당)를 줄인다. 우리 몸에서 혈액이 많은 부위 중 하나가 피부이므로 우리 몸은 자동적으로 피부 쪽 혈관을 수축시켜서 피부 쪽으로 흐르는 혈액량을 최대한 줄인다. 혈액이 잘 흐르지 않으니 손과 발 쪽의 피부는 감각이 변하기도 하고, 혈액량이 줄어드니 온도가 떨어지기도 한다.

삼성서울병원에서 시작된 임원 스트레스 검진 프로그램에서는 손가락의 피부 온도를 측정하는 검사가 있었다. 손가락의 피부 온도를 재는 것은 바이오피드백 요법이라는 치료법에서 신체 반응을 보기 위해 많이 이용하는 방법이기도 하다. 다음의 그래프를 보자.

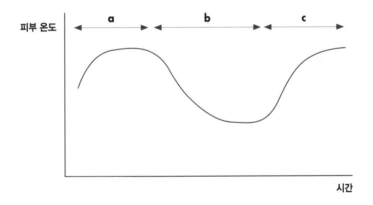

이 검사를 하는 동안 인위적으로 스트레스를 주기 위해 300에서 7을 암산으로 계속 빼도록 했다. 좀더 어렵게는 1000에서 13과 같은 숫자를 계속 빼나가게 했다. a, b, c 세 구간 가운데 어느 구간이 이와 같은 스트레스를 받는 시기 같은가?

나는 아직도 사람이 어렵다

정답은 b구간이다. 손가락 온도가 떨어지고 있기 때문이다. 우리 몸의 (심부) 체온은 2, 3도만 변해도 바로 병원에 가야 할 경우가 많지만 손가락 온도와 같은 피부 온도의 경우에 2, 3도 정도는 쉽게 변한다. a구간은 검사실에 들어와 긴장한 상태라 온도가 내려갔다가 서서히 적응이 되고 긴장이 풀리면서 온도가 천천히 올라가는 모습이다. 숫자 계산을 시키자마자 b구간처럼 온도가 내려가기 시작한다. 계산을 멈추고 긴장을 풀도록 하면 일반적으로 c구간처럼 다시 온도가 올라간다. 평균적으로 남성보다 여성이 손가락 온도가 더 낮은데, 그래서 여성이 남성보다 손발 시림이나 저림을 더 잘 겪는다.

간단한 검사인데, 스트레스 클리닉에 내원하는 상당수의 사람들에게서 이상한 모양의 그래프가 나타나기도 한다. 그중 흥미로운 패턴 하나를 소개하겠다.

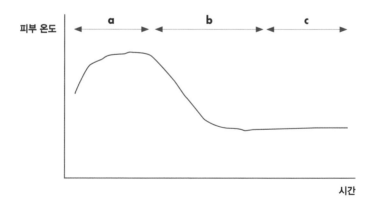

앞선 그래프와 달리 이 그래프에서는 휴식기인 c구간에서 피부 온도가 원래대로 올라가지 않는다. 이런 패턴을 보고 처음에는 검사가 잘못되었나 싶었지만, 곧 그렇지 않다는 걸 알게 되었다. 검사가 끝나고 5분 정도 휴식기(c구간)를 갖는 동안 피검사자가 혼자서 계산과정을 되풀이했던 것이다. 성격이 상당히 완벽주의적인 이들에서 이런 패턴은 많이 나타났다. 계산과정(b구간)에서 본인이 제대로 계산하지 못했다고 생각하고(물론 치료진 중 누구도 그렇게 생각하지 않았다) 암산을 반복하면서 곱씹었기 때문에 스트레스 자극이 이어졌던 것이다. 심지어 검사가 끝난 뒤 예고 없이 'IQ 테스트' 같은 검사를 했다고 화를 내거나 다시 하겠다고 고집을 피우는 경우도 있었다. 아마도 그런 특성 때문에 그가 그 정도의 위치에까지 올랐겠으나, 똑같은 상황에서 다른 사람보다 스트레스가 많이 누적될 수밖에 없는 이유이기도 할 것이다.

망각은 우리를 보호하는 수단이다

스트레스가 심하거나 만성적일 때 기억력 감퇴와 집중력 저하는 매우 흔하게 나타난다. 삼십대 초반 밖에 안 됐는데도 본인이 알츠하이머 치매가 아닐까 불안에 떨면서 외래를 찾는 이들이 상당히 많다. 만약 알츠하이머 치매가 이처럼 젊은 나이에 생긴다면 국내외 학계에 보고될 정도로 희귀한 사례라고 할 수 있다.

　스트레스 때문에 기억력이 떨어지는 경우는 크게 두 가지다. 하나는 기억기능 자체가 떨어지는 경우고, 다른 하나는 기억기능은 괜찮은데 집중력이나 주의력이 떨어지는 경우다. 이 두 가지의 경우가 어떻게 다른가는 다음과 같은 간단한 예를 통해 이해할 수 있다. 여덟 살짜리 아이가 텔레비전 만화영화에 빠져 있을 때, 옆에서 부르면 대답은 잘 하지만 나중에 다시 물어보면 그때 들은 내용을 전혀 기억하지 못하는 경우가 흔하다. 이때 아이가 기억을 못 하는 것은 기억기능 자체에 문제가 있어서가 아니다. 만화영화 때문에 전혀 대화에 집중하지 않았기 때문이다. 기억기능 자체에는 아무런 문제가 없어도 주의 집중력의 정도에 따라 기억의 정도가 영향을 받는 것이다. 이와 비슷한 현상은 스트레스 반응이 일어나는 동안에 흔히 일어난다. 알츠하이머 치매처럼 기억기능이 떨어지는 질환이 아니더라도 스트레스 때문에 주의 집중력이 떨어지면 기억력이 심하게 감퇴될 수 있는 것이다.

　한편으로 기억기능 자체가 함께 떨어지는 경우도 많다. 스트레스 상황이 되면 우리 몸에서는 코르티솔이라는 스트레스 호르몬이 많이 분비된다. 그런데 우리 뇌 중에서도 기억을 담당하는 부위인 해마의 신경세포가 유독 이 코르티솔에 취약하다고 알려져 있다. 코르티솔은 스트레스와 관련된 각종 신체 반응을 일으킴으로써 위기 상황 극복에 도움을 주지만, 아이러니하게도 기억을 담당하는 세포에는 독성을 지닌다. 그 이유는 아직 분명치 않지만 힘든 기억, 안 좋은 기억, 기분 상한 기억을 잊게끔 하기 위해서가 아닐까 싶기도 하다. 그런 모든 경험들을 생생히 기억한다면 삶이 얼마나 힘들지 상상하기 어려울 정도다. 어쩌면 망각만큼 우리를 보호하는 것은 없을지도 모른다.

'이상이 없다'에는 '검사상'이라는 말이 생략돼 있다

스트레스 반응은 일단 원인이 어떻든 스트레스 상황이 발생하면 동일하게, 공통적으로 나타난다. 심리적 스트레스건 육체적 스트레스건 그 종류와 상관없이 스트레스 반응은 일어난다. 심지어 무더위나 강추위도 스트레스 반응을 유발한다. '더위먹는다'라는 현상을 예로 들어보자. 더위를 먹으면 입맛이 떨어지고, 의욕이 저하되며, 기운이 없고, 짜증, 불면 등의 증상이 주로 나타난다. 이는 전형적인 스트레스 반응으로 무더위가 우리에게 스트레스 요인으로 작용한 결과다. 환절기에 감기나 독감에 쉽게 걸리는 것도 급작스러운 기온의 변화에 우리 몸이 적응하는 과정에서 면역기능이 떨어져서 생기는 현상이다.

우리 몸의 신경계 중 자율신경계가 스트레스 반응이 나타나는 데 관련된다. 스트레스 클리닉을 찾는 사람 중 타과 의사나 한의사 등에게 '자율신경계 장애'라는 말을 들었다며 이를 특별

나는 아직도 사람이 어렵다

한 종류의 질환이나 병명으로 생각하는 경우가 종종 있다. 하지만 이는 굳이 그런 이름을 붙일 필요가 없는, 너무나 당연한 이야기다. 스트레스에 대한 심신의 반응을 매개하는 신경계가 자율신경계통이므로 심한 스트레스나 만성 스트레스 상태에서 자율신경계의 기능이 제대로 작동한다면 오히려 그게 더 이상한 일이기 때문이다.

스트레스 증상과 관련해 많은 이들이 궁금해하고 납득하기 어려워하는 문제가 있다. 힘들고 아파서 병원을 찾았더니 각종 검사 결과 '이상이 없다'는데 대체 왜 그런 증상이 나타나느냐는 의문이다. 내과를 비롯해 많은 진료과에서 말하는 '이상이 없다'에는 사실 '검사상'이라는 말이 생략되어 있다. 전혀 이상이 없는데 여기저기가 아프고 힘들다니 말도 안 되지 않은가. 대부분의 병원 진료과 검사는 눈에 보이거나 검사 수치에 이상이 발견될 정도로 이미 변화가 생긴 상태를 찾아내기 위해 이루어진다. 따라서 검사상 이상이 발견될 정도라면 그것은 이미 이런 유의 책으로 다룰 수 있는 상태가 아니다.

우리가 느끼지 못할 뿐이지 우리 몸은 24시간 내내 쉴새없이 온몸 구석구석에서 활동하고 있다. 스트레스가 과하거나 오래 지속되면 그 활동 중 일부에서 리듬이 깨질 수 있다. 이렇게 리듬이 깨지면 위에서 말한 각종 증상이 나타날 수 있다. 하지만 이런 변화는 생명에 중대한 영향을 끼칠 정도는 아니다. 스트레스 반응이 특정 질환을 일으킬 정도가 되려면 최소한 10년, 20년의 상당한 기간이 소요된다. 그러니 당연히 일반적인 스트레스 증상이 나타날 때는 일반 의학적인 검사로는 이를 발견할 수 없다. 스트레스 검사니 뭐니 해서 질병 단계 이전의 상태를 측정한다는 기계나 검사도 많이 개발되고 있다. 참고 삼아 해보는 것은 나쁘지 않겠지만, 당연히 검사 결과는 스트레스와 관련해 균형이 일부 깨졌다고 나올 것이다. 하지만 이러한 정도는 당장 수술을 하거나 내과적인 약을 복용해야 할 어떤 신체적인 병이 생긴 상태는 아니므로 통상적인 검사로는 검출이 안 될 정도로 아주 미세한 변화다. 반대로 말하자면, 검사에 나타나지 않을 정도의 미세한 변화로도 머리끝부터 발끝까지 수없이 많은 종류의 증상이 얼마든지 유발될 수 있는 것이다.

지금까지 살펴본 내용이 '관계'와 무슨 상관이 있는지 의아할 수 있다. 하지만 다른 사람과 친해지기 위해서는 우선 자신과 친해져야 한다. 자신을 이해하고 사랑할 수 없는 사람은 남을 이해할 수도 사랑할 수도 없기 때문이다. 그리고 자기 자신을 온전히 이해하기 위해서는 마음뿐 아니라 몸에 대해서도 정확히 알고 있어야 한다. 몸과 마음은 결코 분리해서 생각할 수 없는, 자신을 이루는 중요한 두 축이기 때문이다.

'나'와 가까워지는 몇 가지 방법

　　많은 이들이 상담실은 둘째 치고 주변 사람에게 조언을 구하거나 심리적으로 잠시 의지하는 것조차 나약함의 증거라고 생각하며 불편해한다. 그렇지만 진정으로 도움이 필요할 때 누군가에게 의지할 수 있는 것이야말로 진정한 능력이다. 매사에 독립심 없이 의존적인 성향이 일반화된 사람을 얘기하는 것이 아니다. 이런 사람들은 겉으로는 굉장히 의존적으로 보여도 실상 자신을 충분히 내맡기지 못하는 '거짓 의존' 현상을 보인다. '참 의존' 또는 '참 의지'는 인간 대 인간으로서 자신에게 도움이 필요하다는 사실을 인정하고 상대에게 충분히 기댈 수 있는 능력이다. 자전거 타기나 수영의 경우를 예로 들어보자.

자전거를 탈 줄 안다면 알겠지만, 넘어지지 않기 위해서는 빠르게 페달을 밟아서 속도를 올려야 한다. 자전거 타는 법을 배울 때는 불안감에 페달을 마음껏 밟지 못한다. 머리와 몸이 정반대로 움직이는 것이다. 하지만 그 요령을 터득하는 순간 우리는 얼마나 자유롭고 홀가분해지는가. 자신 있게 페달을 밟기 위해서는 뒤에서 자전거를 단단히 잡고 뛰어줄 사람이 필요하다. 자전거를 배우는 아이가 뒤를 받쳐주는 사람을 충분히 믿고 의지하지 못하면 결국 제대로 나가지 못하고 계속 넘어진다. 뒤에 있는 사람에게 자신을 온전히 내맡기는 순간 강하게 페달을 밟을 수 있게 된다. 혼자 자전거를 탈 수 있게 되는 것이다. 이는 대단히 역설적인 현상처럼 보인다. 충분하고 온전한 의존이 이루어지면 곧 독립의 순간을 맞이하기 때문이다.

수영도 비슷하다. 수영을 배울 때 코치에게 가장 많이 듣는 말 중 하나가 "힘 빼"다. 코치가 옆에 있음에도 불구하고, 그가 나를 지켜주리라는 사실을 의식적으로는 충분히 앎에도 불구하고 내 몸은 그것을 믿지 못하고 계속 힘을 준다. 물에 빠질까봐 불안한 것이다. 자전거와 마찬가지로 코치 또는 그 상황에 내 몸을 완전히 내맡기는 순간, 스스로 강해지려고 애쓰는 것이 아니라 무방비의 상태처럼 보이는 그런 상태로 자신을 던지는 순간, 바로 그 순간 우리 몸은 자유로워지고 진정으로 강해진다.

관계도 마찬가지다. 누군가에게 진정으로 마음을 열고 의지

매사에 독립심 없이 의존적인 성향이 일반화된 사람들은
겉으로는 굉장히 의존적으로 보여도
실상 자신을 충분히 내맡기지 못하는
'거짓 의존' 현상을 보인다.
'참 의존' 또는 '참 의지'는 인간 대 인간으로서
자신에게 도움이 필요하다는 사실을 인정하고
상대에게 충분히 기댈 수 있는 '능력'이자 '용기'다.

한다는 것은 나약함이 아니라 오히려 참된 강함이고 진정한 능력이다. 따라서, 당신이 어떤 위치에 있건 당신이 받는 스트레스가 어느 정도건 간에 이를 터놓고 상의할 수 있는 사람 또는 멘토 역할을 할 사람의 존재가 필요하다. 소위 '뒷담화'도 상당 부분 긍정적인 효과가 있다고 본다. 다만, 회사 내의 사람에게 깊은 속내까지 털어놓기 어려운 경우가 많고, 또 상당수의 '뒷담화'는 하고 난 이후 찜찜한 경우도 많다. 특히나 후자 같은 경우라면 오히려 안 하느니만 못하다.

감정에 이름만 붙여도 혼란이 줄어든다

요즘 우리나라에서도 조금씩 상담 문화가 보편화되고 있는 만큼, 조금 용기를 내서 전문가의 상담을 받아보는 것도 추천하고 싶다. 신기하게도 많은 내담자들, 특히 대인관계에서 크게 상처를 받고 심한 혼란 상태를 경험하는 사람들은 딱히 눈에 보이는 조치를 하지 않아도 자신이 어떤 상태에 있는지, 어떤 감정을 느끼는지 정도만 분명히 인지해도 스트레스가 많이 줄어든다.

그간의 경험으로 봤을 때 심한 스트레스 상태에 빠지는 이들의 심리 상태는 양적으로는 차이가 있겠지만 질적으로는 삼풍백화점이나 성수대교 붕괴 사고처럼 큰 재난을 겪은 직후 사람들의 심리 상태와 비슷하다. 즉, 이런 상황에서는 일차적으로 바닥을 알 수 없는 극심한 분노가 문제다. 우선적으로 자신에게 상처 내지 스트레스를 준 가해자에게 화가 나지만, 현실적으로 어떻게 하기 힘들다는 자각과 함께 심한 무력감이 몰려오는 경우도 많다. 이러한 무력감이 커지면 그 분노가 방향을 바꾸어 자신에게 돌아오는 경우도 많다. 그 상황에서 어찌하지 못하는 자신이 너무 못나게 느껴지거나, 대체 '그 인간이 문제인가 내가 문제인가' 하고 혼란스러워하다가 자신에게도 뭔가 문제가 있지 않을까 싶은 생각이 고개를 든다. 성수대교 붕괴 사고와 같은 심한 재해를 경험하거나 그로 인해 트라우마를 겪는 생존자 중 상당수가 그런 혼란과 이유 없는 죄책감에 시달린다고 알려져 있다. '아침에 엄마가 깨울 때 안 일어나고 10분 더 잤기 때문에 사고를 당한 거야'라는 식으로 말이다.

이처럼 상황이나 사건의 원인을 자기 내면에서 찾는 경향은 스트레스가 심하거나 소위 '트라우마' 상황에서 상당히 흔하게, 그리고 일관되게 나타난다. 부모가 크게 싸우거나 이혼이라도 하는 경우 아이들이 보이는 반응이 대표적이다. 상황을 충분히 이해하거나 납득하기 어려운 아이들로서는 자신의 힘으로는 도저히 어찌할 수 없는 불가항력적인 상황인 부모의 불화나 이혼을 자신의 탓으로, 자신이 뭔가를 잘못해서 그렇다는 쪽으로 돌린다. 누가 보기에도 그렇지 않고, 심지어 자신도 머리로는 그렇게 생각하지 않더라도, 자신으로의 회귀 반응은 자신이 당한 그 상황에 대한 일종의 설명을 제공해준다. 대체 이런 일이 왜 나한테 일어났고, 대체 어떤 상황인가, 그 사람이 문제인가, 내가 더 문제인가, 그 사람의 행동은 말도 안 되는 짓이 맞는가 아닌가, 그 사람이 문제라면 왜 다른 사람들은 똑같이 당하지 않았을까, 내가 예민하게 반응하는 건가 등등 명확한 결론이 없는 물음이 머릿속에서 수없이 떠오른다.

불분명하고 모호한 느낌으로 인한 혼란에 비하면 내 안에서 찾은 문제로 그 상황들을 설명할 수 있다는 분명함이 주는 편안함이 크기 때문에 이런 일이 생긴다. 거꾸로 말하면, 자기 안에서 이유를 찾아내 스스로에게 그 상황을 설명해야 할 정도로 심리적인 혼란감이 크다는 뜻이다. 직장관계에서 '뚜껑이 열려'서 찾아온 내담자들 중 상당수는 자신의 마음이 갈피를 못 잡고 혼돈 속에서 헤맨다는 사실조차 잘 모르는 경우도 많았다. 그런데 흥미롭게도 이런 경우 다른 얘기에 앞서 "마음속에서 상황에 대해 전혀 정리가 안 되고 심한 혼란을 느끼는 것 같다" 정도의 코멘트만 해줘도 급격히 좋아지는 경우가 많았다. 그만큼 자기 내면의 감정이 구분되지 않은 상태였다는 뜻이다. 그가 느끼는 감정에 '혼란' '화' '수치심' 등등 구체적인 이름을 붙여 분류하는 것만으로도 그런 혼란이 많이 줄어들곤 했다.

이와 동시에 심한 수치심과 이유를 찾기 어려운 죄책감, 미안함 등의 감정이 뒤죽박죽되어 혼란을 가중시키는 경우가 흔하다. 정작 가해자는 별로 신경을 안 쓰거나 이에 대해 잘 느끼지 못하는데도 말이다. 이런 혼란은 한동안 유지되기도 하고, 단계를 넘어서서 의욕과 기분이 가라앉고 만성 스트레스 반응이 신체 여기저기에 증상으로 나타나면서 우울증의 단계로 들어서는 경우도 있다.

수치심이나 죄책감 등이 지속되거나 더 나아가 우울증 증상까지 보이는 경우, 그 시작이 외부적인 것이든 자기 안의 상처받은 고양이로 인한 것이든 그 핵심은 스스로에 대해 사자의 울음을 울어댄다는 뜻이고, 내면의 거울이 '네가 문제야!'라고 과하게 반응한다는 뜻이다. 이런 자기 비하 반응, 우울 반응이 나타날 정도가 되면 스스로의 노력이나 지인들의 도움만으로는 상황을 해결하기가 어렵다. 전문가를 적극적으로 찾아나서야만 할 때다.

몸을 움직이면 마음도 자유로워진다

스트레스와 관련해서 운동은 일종의 예방접종과 같은 성격을 띤다. 조깅을 하거나 수영을 할 때, 테니스를 칠 때를 생각해보라. 숨이 차고 맥박이 빨라진다. 한동안 운동을 하지 않다가 갑자기 하면 일시적으로 소화기능이 떨어져서 속이 미식거리거나 심한 경우 토하기까지 한다. 즉, 운동은 우리 몸에 인위적으로 어느 정도의 스트레스 자극을 준다. 건강할 때 약한 균이나 사균死菌을 주입해서 면역기능을 키우는 것과 비슷한 이치로 생각하면 된다. 따라서 스트레스 경감을 위해 꾸준한 운동을 '강추'하고 싶다.

물론 생각보다 쉽지 않은 일이다. 그렇지만 전문가를 찾거나 약을 복용하지 않고 혼자서 해볼 수 있는 스트레스 해소법 중 상대적으로 가장 간편하고 효과가 좋은 방법으로 운동만한 것이 없다. 어떤 종류의 운동이든 좋다. 너무 무리하지 않는 선에서 꾸준히 지속해야 한다.

최근 들어 운동의 긍정적 효과가 다각도로 증명되고 있다. 스트레스에 대한 저항 효과뿐만 아니라 뇌신경세포의 발달이나 재생과 관련된 BDNF라는 호르몬의 분비를 촉진한다고 알려져 이 분야에 대한 연구가 매우 활발하다. 비슷한 맥락에서 운동, 특히 유산소 운동이 치매 예방 효과가 크다는 사실도 최근 여러 연구를 통해 밝혀지고 있다. 여기서 흥미로운 사실은, 우리 몸이 여러 종류의 아편계통 마약성 물질을 분비한다는 것이다. 그중 가장 널리 알려진 것은 엔도르핀이다. 이 외에도 여러 종류의 마약성 물질이 인체에서 만들어지고 분비되는데, 운동이 그러한 물질의 분비를 활성화시킨다. 운동을 하면 기분이 좋아지고 상쾌해지는 것은 이러한 이유에서다. 이러한 물질의 분비는 자연적인 진통 효과도 있다.

반대로 심한 스트레스 상태에서 외래를 찾는 많은 사람들이 너무 무리해서, 또는 그런 시점이 아닌데 운동을 하려는 경우가 종종 있다. 운동이 좋다는 얘기만 듣고 그대로 적용하려는 것이다. 그러나, 예방주사는 건강할 때 맞아야 효과적이지, 열이 펄

펄 끓고 이미 병이 난 상태에서는 맞아도 소용이 없다. 스트레스의 정도가 어느 선을 넘어서 몸이 도저히 그럴 상태가 아닌 경우 운동은 오히려 독이 될 수도 있다. 이럴 때는 일단은 충분한 휴식을 취해야 한다. 경우에 따라서는 스트레스 관련 약물 치료를 일시적으로 병행할 수도 있다.

언제든지 쉬고 싶을 때 휴식을 취하기란 현실적으로 쉽지 않다. 다만, 그간 얘기한 것처럼, 스트레스의 정도가 너무 과하거나 각종 신체 증상이 나타날 정도가 되면 반드시 쉬어야 할 때가 있다. 어렵더라도 때를 놓치면 호미로 막을 일을 가래로 막는 일이 발생할 수 있다.

어쨌거나 휴식의 문제는 참 쉽지 않다. 농경 사회에서는 농번기에 힘들게 일한 뒤 농한기에 몇 달씩 먹고 놀고 자면서 충분히 쉬곤 했다. 생물체로서의 우리 몸은 그렇게 수만 년, 수십만 년 동안 서서히 변화하고 적응해왔다. 그러나 현대 사회에서는 사회의 변화 속도에 비하면 몸의 적응 속도나 변화 속도가 턱없이 느리다. 현대 사회에서는 눈만 뜨면 거의 매 순간이 스트레스의 연속이다. 잠드는 시간만이 겨우 제대로 쉬는 셈인데, 그나마도 야근이다 모임이다 해서 그 시간도 제대로 보장되지 않는다. 휴식의 문제는 현대인들에게 영원한 숙제다. 하지만 우선순위를 다소 조정할 수 있음에도 불구하고 스스로 '안 쉬는' 사람들도 생각보다 많다. 예를 들면, 내면 거울이 계속 이렇게 말하는 사람들 말이다. "아니, 이 상황에서 좀 쉬겠다고? 지금 제정신이야? 넌 아직 부족해. 더 밀어붙여야지. 너무 나약하지 않아?" 상당수가 아마도 그런 상황에 있을 가능성이 높다. 자신의 내면 거울이 자신을 어떻게 계속 힘들게 하는지 의식적으로 귀를 기울여야 할 필요가 있다.

**마음챙김을 위한
몇 가지 처방**

평소 명상이나 요가를 따로 시간을 내서 충분히 할 수 있다면 꾸준한 운동만큼 또는 그 이상으로 스트레스 조절뿐 아니라 심신의 전반적인 건강 유지에 도움이 된다. 다만 많은 이들에게 이는 여간 만만치 않은 일이긴 하다. 최근에 마음챙김명상mindfulness meditation이라는 방법이 스트레스 관리나 심리 치료에 응용되어 상당히 각광받고 있다. 전문가를 찾아가서 배우면 가장 좋겠지만, 바쁜 직장인들이라면 마음챙김명상에 관한 입문서를 통해 혼자서도 어렵지 않게 익힐 수 있다. 명상이나 요가 외에도 이완 훈련이나 호흡법 등도 간단히 혼자서 해볼 수 있다. 인터넷에서도 따라할 수 있는 방법을 많이 찾아볼 수 있는데, 원리는 간단하다. 이완 훈련의 경우 신체의 각 근육을 하나씩 순서대로 이완시킨다. 스트레스 의학에서 가장 유명한 이완법은 '점진적 근육 이완법'이다. 이는 몸의 각 부위 근육에 강하게 힘을 준 뒤 서서히 힘을 빼면서 몸이 이

나는 아직도 사람이 어렵다

완되는 그 느낌에 집중하는 방법이다. 예를 들어, 눈을 크게 부릅떠서 이마의 근육을 강하게 수축시켰다가 천천히 이완시킨다. 다시 양어깨를 들어 강하게 힘을 줬다가 천천히 어깨를 내리면서 어깨 근육을 이완시킨다. 이런 식으로 양팔의 근육, 배, 양쪽 허벅지, 양쪽 종아리 근육 등으로 순차적으로 천천히 진행한다. 한 번 진행하는 데 10분에서 15분 정도 소요되고, 몇몇 부위만 골라서 수 분 내로 짧게 진행할 수도 있다.

이와 조금 다르게 '수동적 근육 이완법'도 진행 가능하다. 이 방법은 더 간단하다. 지금 이 순간에도 당신의 미간이나 어금니 쪽 턱, 어깨, 배 등 신체 어느 곳인가에 분명히 과도하게 힘이 들어가 있을 것이다. 그 부위를 포함해서 온몸의 힘을 빼고 몸을 축 늘어뜨린다. 일하는 중이든 엘리베이터를 기다리는 중이든 1분이든 2분이든 좋다. 다만 이 방법은 최대한 자주, 습관을 들여서 해야 효과가 있다.

호흡법은 복식호흡법을 생각하면 된다. 단전호흡처럼 정확한 방법을 배우지는 않더라도 숨을 천천히 부드럽게 쉬는 것만으로도 효과적이다. 이러한 이완법이나 호흡법은 생각보다 훨씬 더 스트레스로 인한 해로운 영향을 막아줄 수 있음이 의학적으로도 증명되어 있다.

한때 유일하게 흡연이 허용되던 진료실이 있었다. 바로 정신과 상담실이다. 정신과 상담실에서 전면적으로 금연이 시행

된 것은 사실 그리 오래되지 않았다. 외국도 이런 사정은 비슷해서 메릴린 먼로의 정신분석 상담가로 유명해진 랠프 그리슨의 책에도 담배 얘기가 나온다. 상담을 받던 여자 내담자(많은 이들이 이를 메릴린 먼로라고 여긴다)가 그리슨 박사가 피운 시가 냄새를 맡고는 유년 시절 아버지와의 기억을 회상한다는, 정신분석을 공부하는 사람들에게는 대단히 유명한 일화다.

정신과에서 이토록 흡연을 용인한 이유는, 흡연이 다른 면에서는 어떨지 몰라도 정신건강 측면에서는 도움이 된다는 주장 때문이었다. 그러나 오늘날 정신과 의사들 중에서 흡연을 권하는 사람은 없다. 담배가 여러 면에서 건강에 문제가 될 뿐 아니라, 몸의 스트레스 반응을 더 악화시키고 만성적인 피로를 유발하기 때문이다. 물론 담배를 피우면 잠깐 또는 수십 분 정도는 머리가 깨이는 듯할 수도 있다. 이는 담배에 든 니코틴 성분 때문인데, 강력한 중추신경 각성제인 니코틴은 주의력이나 집중력을 일시적으로 상승시키는 효과가 있다. 그러나 지속 효과가 짧기 때문에 그 잠깐을 위해 너무 큰 대가를 치를 필요는 없다.

수많은 연구를 통해 적당량의 술을 섭취할 경우 건강에 도움이 된다고 널리 알려져 있다. 하루에 포도주 반잔에서 한 잔 정도, 맥주 삼사백 시시, 소주 한두 잔 정도를 의미하므로 현재 우리나라의 음주 문화에 따른 실제적인 음주량과는 꽤 거리가 있다. 우리나라에서 술은 대인관계에 있어서 중요한 역할을 하기 때문에 어떻게 해야 한다고 규정하기는 어렵다. 다만, 당연한 얘기지만 폭음은 좋지 않다. 특히 스트레스가 많을 때 폭음하는 경우가 많은데, 이는 여러 가지 면에서 문제가 된다. 우선, 술이 체내에서 분해될 때 아세트알데히드라는 일종의 독성 물질이 발생한다. 게다가 술은 양에 관계없이 수면에 악영향을 끼친다. 술을 마신 후 잤을 때 전반적으로 얕은잠이 들기 때문에 꿈을 꾸는 경우가 많다. 새벽에 깨서 아침까지 뒤척이는 경우도 허다하다. 술을 많이 마시면 세상모르게 깊이 잠든다는 사람도 종종 있지만, 수면 검사를 해보면 실제로는 깊은 수면을 취하지 못한다. 술에 '마취'되어 잘 잤는지 아닌지 기억을 못할 뿐이다.

술은 몸에 흡수되면 중추신경 '억제제'로 뇌신경계통에 작용하는데, 이때 술이 작용하는 부위는 많은 이들이 '안정제'라고 알고 있는 벤조디아제핀이 작용하는 부위와 일치한다. 술을 마시면 심리적으로도 안정되고 몸의 근육이 이완되어 편안함을 느끼는 것도 이 때문이다. 벤조디아제핀 계통의 안정제는 수면제로도 많이 쓰이는 만큼 술을 마시면 잠이 들게 하는 데는 이점이 있다. 이런 이유로 스트레스가 많거나 불면증이 있는 사람들은 수면제 대용으로 맥주 한두 잔씩을 마시는 경우가 있는데, 그러다가 종종 알코올중독이 되기도 한다.

굳이 표현하자면, 정신의학적으로 볼 때 술은 일종의 강력한 벤조디아제핀 계통의 안정제인 셈이다. 중독성으로 치자면 가장 중독성이 강한 약물인 술, 특히 폭음에는 한 가지 중요한 문제가 더 있다. 술에 취해 있을 때나 술에서 깨는 순간 평소에는 그렇지 않은 사람도 순간적으로 충동성이 상당히 증가한다는 것이다. 심한 스트레스 상태에서 자살까지 행하는 상당수의 사람들이 그 중간 단계에서 폭음을 하는 경우가 많다. 수십 배 안전한 안정제는 한 알만 먹어도 중독되지 않을까 무서워하면서, 하루가 멀다 하고 술을 마시는 경우나 그런 우리 문화 자체가 난센스인 셈이다. 스트레스가 너무 많아 힘들고 지치거나 불면까지 겹친다면 차라리 안정제를 한 알 먹고 자는 게 진탕 술을 마시는 것보다 훨씬 낫다.

카페인은 상당히 강력한 중추신경 각성제이자 흥분제다. 그래서 아침에 커피 한 잔을 마셔야 머리가 맑아지고 하루 일과를 시작할 수 있다는 사람이 많다. 설탕이나 크림이 잔뜩 들어간 인스턴트커피의 영향 때문인지, 그간 커피에 대해서는 부정적인 인식이 많았다. 하지만 최근 들어 커피의 긍정적인 효과에 대한 보고가 늘어나는 추세다. 오전에 마셔도 수면에 방해가 된다면 어쩔 수 없으나, 일반적으로는 하루에 한두 잔 정도는 문제가 없을뿐더러 심신의 기능을 원활히 하는 데도 도움이 된다. 게다가 지속 효과가 길지는 않지만 커피는 집중력과 기억력을 높여주는 역할도 한다. 하지만 커피는 중추신경계통 말고 '강심제'로도 작용해 혈압을 높이고 맥박을 빠르게 할 수도 있으므로 커피 섭취 후 가슴이 두근거릴 정도로 불편하다면 자제하는 것이 좋다.

나는 아직도 사람이 어렵다

쓰잘 데 없는 활동이
마음에는 유익하다

급격한 산업화의 영향인지 우리 나라에서는 아직 취미나 놀이 문화가 제대로 자리잡지 못했다. 뭐든 좋다. 사무실에 조그만 화분 한두 개를 가져다놓고 화초를 키울 수도 있고, 등산 모임을 만들어 주말에 정기적으로 운동 겸 여가활동을 해볼 수도 있다. 요즘 젊은 사람들을 중심으로 확산중인 캠핑 문화도 반길 만하다. 어떤 활동이든, 삶의 불꽃 튀는 현장에서 잠시 숨돌릴 수 있는 그런 활동이 반드시 필요하다. '쓰잘 데 없는 일'이 늘 쓰잘 데 없는 것은 아니다. 뭐가 됐든지 일상과 관련이 없는, 자신을 위한 호사는 최소한 하나 정도 필요하다.

최근 들어 스트레스나 불면증 등 상대적으로 가벼운 문제로도 정신건강의학과나 상담소를 찾는 등 상담에 대한 벽이 많이 낮아졌지만, 약물에 대해서만큼은 10년 전이나 지금이나 일반 대중의 생각이 크게 달라지지 않은 것 같다. 요즘에는 스트레스와 관련된 좋은 약물도 많이 나와 있고, 적절한 시기에 적정하게 사용하는 경우에는 더 걷잡을 수 없이 상태가 악화되기 전에 이를 쉽게 막을 수 있다.

많은 사람이 스트레스를 '의지'나 정신력의 문제로 생각하고 무리하게 버티다가 탈이 난다. 하지만 분명한 것은, 스트레스 반응에 개인차가 있을 수는 있지만 기본적으로 스트레스 반응은 심신을 보호하기 위해 필요한 기능이므로 의지나 정신력으로

'통제'가 불가능하다는 사실이다. 물론 '악으로 버틸' 수는 있지만 그런다고 문제가 해결되거나 사라지지는 않는다. 심리적으로 심한 혼란을 느끼거나 그 단계를 지나서 일상생활에 지장이 있을 정도로 의욕이나 기분이 처지는 경우, 여기저기 다니면서 검사를 해봐도 이상이 없다는데 각종 신체 이상 증상이 나타나서 불편할 정도라면 전문가를 찾아야 한다. 필요하다면 일시적인 약물 치료가 필요한 시점이다. 스트레스 증상 조절에 있어서 소위 '안정제'가 보조적으로 많이 쓰이는데, 세간에서는 안정제의 의존성이나 중독성과 관련해 상당히 많이들 우려한다. 물론 신중하게 고려해 투여해야 하지만, 안정제에 대한 공포심은 지나친 측면이 있다. 객관적으로 계산하지는 않았지만 최소한 술보다 수십분의 일 이하로 중독성이 약하고, 전문가의 소견에 따라 적절하고 안전하게 처방될 수 있다.

결국 나와 친해지기 위해서는 나의 '마음'과 '몸', 모두를 제대로 이해하고 배려하는 것이 중요하다. 특히 몸의 문제에 대한 정확한 파악과 대처가 필요하다. 생각해보자. 잠을 제대로 자지 못한 날이나 몸 상태가 나쁜 날에는, 상대의 작은 실수에도 크게 짜증이 나고 화가 나기 쉽다. 좋은 말로 타이를 일에도 가시 돋친 말을 던져 상대에게 상처를 주는 경우도 많다. 몸의 문제가 마음의 문제로 이어지고, 결국 관계의 문제로까지 이어지는 셈이다.

반대의 경우도 생각할 수 있다. 평소에는 잘 웃고 쾌활하던 사람이 갑자기 짜증을 부리거나 의기소침해지면, 그의 마음뿐 아니라 몸을 살펴야 한다. 마음과 몸은 동떨어져 행동하지 않는 법이기 때문이다.

5장

성격을 알면

사람이 보인다

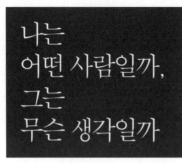

나는
어떤 사람일까,
그는
무슨 생각일까

어느 커피숍에서 한 쌍의 젊은 대
학생 남녀가 소개팅을 하고 있다. 이런저런 대화 중 한 대목이다.

남 그런데 혈액형이 어떻게 되세요?

여 A형이요.

남 아, 그러시군요…… A형은 보통 좀 소심하고 예민하던데,
하하. 저는 O형이에요. 그래서 좀 활발한 편인데 덜렁대요.

여 (웃으며) 네, O형이 좀 그렇더라고요. 저처럼 A형인 사람들
은 예민해서 스스로도 좀 피곤할 때가 있어요.

많은 사람들이 혈액형과 성격의 관계에 관심을 가진다. 아마도 일목요연하게 규정하기 어려운 자신이나 상대의 마음과 내면, 성격 등에 대해 구체적으로 알려주는 나침반 같은 것을 필요로 하기 때문이 아닐까 한다. 이 불확실한 세상에서 조금이라도 확실하다고 생각되는 어떤 것을 붙잡으려고 하는 셈이다.

혈액형과 성격이 관련된다는 과학적인 근거는 아직까지는 없다. 그렇지만 혈액형을 분류하는 방식이 면역학적인 방법을 이용한다는 것, 개인의 면역계 특성과 성격이 관련된다는 과학적 사실 등으로 유추해볼 때 이들 간에 관련성이 있을 가능성은 충분하다고 본다. 물론, 그렇더라도 사람들이 얘기하는 식의 그런 내용은 아닐 가능성이 높지만 말이다.

혈액형처럼 가십거리 차원의 얘기 말고, 좀더 구체적으로 신뢰할 만한 성격 분류가 있다. 이론이나 학파, 목적 등에 따라 성격을 분류하는 방법과 측정 도구는 어림잡아도 최소한 스무 종류가 넘지만 크게 두 부류로 나뉜다. 하나는 MBTI나 TCI(기질 및 성격 검사)와 같은 일반적이고 전체적인 성격 스펙트럼에 기초한 분류방법이고 다른 하나는 임상적, 병리적 특성에 따른 성격 분류다. 각각 어떻게 성격을 분류하는지 이번 장에서 간단히 살펴보겠다.

그와 나의
'궁합'은 몇 점?

MBTI

MBTI는 프로이트의 제자이자 동료였던 카를 융이 창시한 분석심리학이라는 이론에 기초하여, 이자벨 마이어스Isabel Myers와 캐서린 브릭스Katharine Briggs가 만든 성격 분류 방식이다.

우리는 매 순간 우리 자신과 주위 세계에 대해 정보를 받아들이고 상황을 파악하고 결정을 내리면서 살아간다. 하지만, 이 책 1장에서 '로르샤흐 그림'이나 '집-나무-사람 그림'에 얽힌 이야기에서처럼, 우리는 겉으로는 똑같아 보이는 세상을 살면서도 같은 것을 보고 느끼거나 같은 방식으로 판단하며 행동하지 않는다. 각자가 모두 다른 세상을 본다. 같은 상황이더라도 어떤 판단을 내리고, 그에 따라 어떤 행동을 하게 될지는 사람에 따라 다르다.

MBTI는 이렇게 사람마다 다른 면들을 유형별로 나눈 것이다. 성격은 연속적인 스펙트럼의 특성을 갖지만 MBTI에서는 이분법적으로 유형을 구분한다. 따라서 어느 한쪽으로 많이 치우친 성격인 경우는 전형적으로 잘 맞는다고 느낄 수 있지만, 중간 정도인 경우에는 다소 애매하게 느껴질 수도 있다. 국내에서는 '한국 MBTI 연구소'에서 MBTI의 정식 교육과 검사를 하고 있으나, 해당 기관만큼 자세하고 정확지는 않더라도 인터넷에서도 간단한 자가 테스트 정도는 해볼 수 있다.

MBTI의 목적에 대해서는 연구자나 상담가마다 조금씩 생각이 다를 것이다. 필자는 MBTI에 대해 임상적인 효용성은 다소 떨어진다 싶지만, 대인관계에서 상대와 나의 '궁합'을 설명하는 데는 이만한 검사도 없는 것 같다고 생각한다. MBTI는 크게 네 가지의 차원에서 이러한 유형을 구분한다.

혼자 사색해야 하는 사람 vs. 파티에서 수다를 떨어야 하는 사람

우리는 깨어 있는 동안 쉴새없이 심신의 에너지를 가동하면서 살아가고 있다. 어떤 사람은 혼자서 낯선 곳을 여행하거나 조용히 독서를 하고 사색에 잠기는 일에서 에너지를 얻는 반면, 누군가는 사람들이 많이 모이는 곳에서 몇 시간이고 소소하게 수다를 떨면서 삶의 에너지를 충전하기도 한다.

전자처럼 주로 혼자 생각하고 활동하는 데서 에너지를 얻기를 선호하는 성향을 내향형Introversion, I, 후자처럼 주로 외부의 세계와 외부 활동에서 에너지를 얻기를 선호하는 유형을 외향형Extraversion, E이라 한다. 내향형은 많은 경우 내성적으로 보일 수도 있지만, 이는 우리가 보통 수줍음이 많다는 뜻으로 사용하는 '내성적'이라는 단어와는 전혀 다른 의미다. 내향형의 사람이라고 해서 수줍음을 더 타는 것은 아니다.

내향형과 외향형이 만나면 한쪽은 다른 사람들이 어떻게 생각하든 말든 혼자서 가치를 두는 일이나 에너지를 얻을 수 있는 일에 몰두하고, 다른 한쪽은 되도록 많은 사람들과 어울리려고 하기 때문에 서로 부딪칠 가능성이 많다. 심지어 내향형의 성향이 강한 사람의 경우는 여러 사람이 함께 거실에서 모여 담소를 나누는 동안에도 자신만의 생각이나 일에 몰입할 수도 있기 때문에, 그렇지 않은 성향의 사람으로서는 상대를 이해하기가 어려울 수도 있다.

현상을 보는 사람 vs. 이면을 보는 사람

우리 앞에 나무 한 그루가 있다고 가정해보자. 어떤 사람은 그 나무의 생김새를 보고 냄새를 맡고 손으로 만져보면서 그 나무를 느끼고 파악할 것이다. 어떤 사람은 오감을 넘어서 나무를 보고 그 존재의 의미, 자연과 생명의 의미와 원리 등 철학적이고 근본적인 문제를 생각할 수도 있다.

전자의 경우처럼 시각, 청각, 촉각 등 오감을 통해 구체적이고 현실적인 측면에 초점을 맞추는 유형은 감각형Sensing, S이다. 반대로 직관이나 육감, 영감 등을 통해서 상황을 파악하는 성향, 겉으로 드러나는 현상보다는 그 이면에 작용하는 근본적인 원리와 숨겨진 패턴에 초점을 맞추는 유형은 직관형iNtuition, N이다.

사례를 들어 설명해보자. 어느 삼십대 초반의 부부가 있었다. 둘은 별 생각 없이 틀어놓은 교육방송에서 수학 문제 풀이를 보다가 재미 삼아 대학입시 수학 문제를 풀어보기로 했다. 다음은 그들의 대화 중 한 대목이다.

아내 답이 36인데?

남편 어떻게 풀었어?

아내 어, 이렇게 해서, 이 공식에 넣으면 될 것 같아서 이렇게 넣었는데(미주알고주알).

남편 아, 근데 이 공식 좀 이상해 보이는데? 이게 어디서 나온 거지? '원리상' 이렇게 되는 게 아무리 봐도 좀 이상한데……

아내 아니, 여기 공식이 있는데 뭐가 이상하다는 거야? 그냥 여기다 넣어서 계산하면 이렇게 나오잖아.

남편 아니, 내 말은…… (이런저런 원리를 설명하며) 이러니까 말이 좀 안 되는 거지.

아내 아니 왜 말이 안 돼? 이게 공식 맞는데.

두 사람의 대화를 보면 아내는 눈에 보이는 현상에 초점을 맞추고 있고, 남편은 그 이면의 원리에 집착하고 있다. 같은 상황처럼 보이지만 두 사람이 초점을 맞추는 대상이 전혀 다른 것이다.

오감을 통해 판단하다보니 감각형은 주로 현재의 문제에 구체적으로 집중하고, 직관형은 현재보다는 그 현재를 만들어온 과거의 의미나 현재가 영향을 줄 수도 있는 미래의 문제에 집중한다. 비슷한 이유로 좋은 음식을 먹고 그 맛과 향에 취해 있는 사람은 대개 감각형이고, 하늘에 떠가는 흰구름을 보며 혼곤한 몽상에 빠져 있는 사람은 대부분 직관형이다.

감각형인 사람들은 직관형인 상대가 지금 바로 눈앞에 똑똑히 보이는 자명한 현상이나 상황에 대해 왜 복잡하고 머리 아프게 생각하는지 이해하지 못한다. 반대로 직관형인 사람은 근본 원리에는 관심이 없고, 사상누각 같더라도 눈에 보이는 현상만으로 충분하다고 여기는 감각형인 상대를 답답해할 수 있다.

현상과 사물의 이면에 대해 깊은 탐구를 하는 철학자나 구도자, 몽상적 혁명가 들은 직관형인 경우가 많다. 하지만 모든 철학자가 직관형이라고 볼 수는 없다. 예를 들어, 우리가 오감으로 보고 느끼는 이 세계는 껍데기일 뿐이고 진정으로 참된 세계는 이데아의 세계라고 한 플라톤은 직관형 성향이 매우 강하다고 볼 수 있지만, 현실 세계를 참된 것으로 파악한 그의 제자 아리스토텔레스는 스승에 비해 감각형의 특성이 좀더 강하다고 볼 수 있다.

감정이 앞서는 사람 vs. 생각이 앞서는 사람

이런 경우를 예로 들어보자. 당신은 회사의 차장이다. 오전에 외근을 하고 들어오니, 부하 직원인 김대리가 평소와 달리 풀이 죽어 있다. 왜 그러냐고 물어봐도 괜찮다고만 할 뿐 별 얘기를 하지 않는다. 찜찜해서 과장에게 물어보니, 프로젝트 프레젠테이션을 하다가 옆 팀 과장에게 심하게 '깨졌다'고 한다. 옆 팀 과장이 김대리를 질책한 데는 타당한 부분도 많지만, 상당히 감정적인 측면도 있어 보였다고 했다.

이런 얘기를 들었을 때 "아니? 뭐라고? 우리 애를 건드려? 이 ××를 그냥⋯⋯" 하면서 감정적으로 먼저 반응한 다음에 논리적인 생각이나 판단이 뒤따른다면 당신의 성향은 감정형 Feeling, F이다. 소위 기분파들은 대개 감정형이다. 감정형인 사람들은 마음이 여린 경우가 많고 싫은 소리를 못한다. 의리에 살고 의리에 죽는 사람들도 감정형인 경우가 많다.

반대로 어떤 이유 때문에 저쪽에서 그렇게 반응했고, 이 일을 어떤 식으로 해결할지 먼저 꼼꼼히 따져본다면 사고형Thinking, T일 가능성이 높다. 사고형들은 말 그대로 사고기능이 상대적으로 발달한 성격 유형으로, 조목조목 논리적으로 분석하고 그 결과에 따라 행동하고 표현하는 사람들이다.

계획대로 움직이는 사람 vs. 즉흥적으로 움직이는 사람

만약 당신의 책상이나 방이 그 기능과는 관계없이 늘 잘 정리 정돈되어 있어야 하고, 모든 일이 어떤 계획하에서 잘 조직화되어 있어야 한다면, 당신의 성향은 판단형Judging, J에 속한다. 반대로 다른 사람이 보기에는 여기저기 지저분하게 널려 있는 것처럼 보이지만 당신이 원하는 일을 하기에 편안하고 능률적으로 사물이 배치되어 있다면 당신의 성향은 인식형Perceiving, P에 해당할 가능성이 높다.

판단형인 사람들은 정해진 일정이나 계획대로 움직이는 것을 편안해하고, 인식형인 사람들은 그때그때의 상황 변화에 따라 융통성 있게 맞추어가는 방식을 선호한다. 이는 조직생활에서도 마찬가지다. 예를 들어, 하루종일 돈을 다루고 액수를 맞추어야만 하는 일을 하는 은행원의 성격 유형이 인식형이라면, 업무에 있어 상당한 어려움을 겪을 수도 있다(만약 본인이 불편하지 않으면 주위 사람들이 불편해질 수도 있다). 판단형의 경우에는 여행을 떠날 때, 여행지에서 해야 할 일들을 모두 미리 조사하고 계획을 짠 뒤 그 일정표에 따라 차근차근 움직인다. 반대로 인식형의 경우에는 일단 배낭 메고 출발한 다음 비행기 안이나 현지에 도착해서 구체적인 일정을 해결하기 시작한다.

만약 인식형인 남편이 판단형인 아내와 함께 해외여행을 가려고 하면 다음과 같은 일이 벌어질 가능성이 높다.

아내 여보, 우리 비행기가 아침 여덟시에 떠서 현지에는 오후 한시에 도착하는데, 그러면 바로 점심을 먹어야 되잖아. 인터넷 블로그에 보니 시내에 유명한 식당이 있대. 그러면 거기 두시 반쯤 도착할 것 같은데, 배가 많이 고프겠지? 그새 먹을 간식을 준비하든지 아니면 비행기에서 뭘 좀 든든히 먹어둬야 할 것 같은데 어떤 게 나을까?

남편 아니, 뭘 그런 것까지 신경써. 공항에 내리면 가게 많을 테니까 배고프면 간단하게 뭘 먹고 이동하면 될 거고, 꼭 그 식당을 가야 되면 배고파도 좀 참으면 돼.

아내 그래도 좀 애매한데…… 간식을 좀 사가는 건 어때?

남편 아 머리 아파. 모르겠어. 어떻게 되겠지.

아내 그럼 내가 좀더 생각해볼게. 그리고 체크인 시간이 늦어지면 좋은 방 받기가 어렵다는데, 그러면 두시 반에 그 식당에 도착해서 최대한 빨리 밥을 먹고 세시 반 전에 식당에서 출발하면 네시 정도에는 호텔에 도착할 수 있을 것 같아. 그러면 체크인 하고……

대개 이런 식이다. 이는 나머지 다른 세 차원에서도 비슷하게 적용되는데, 결국 우리가 염두해야 할 사실은 당신의 어떤 노력이나 방법으로 상대의 이런 특성을 바꾸기란 거의 불가능하다는 점이다. '그냥 그 사람은 그런 특성을 가지고 있구나'라고 받아들이는 수밖에 없다. 성인기에 접어들면 이러한 성격의 틀은 그와 관련된 뇌부위나 뇌회로의 구조와 직결되기 때문이다. 이를 억지로 바꾸려는 것은 맨손으로 대못을 구부리려는 것과 비슷한 일이 될 수도 있다.

**달라도 너무 다른
두 사람의 공존법**

대인관계에서의 궁합에 가장 많은 영향을 미치는 것은 두번째 글자(즉 직관형인가 감각형인가)로 알려져 있다. 다른 차원도 문제지만, 특히나 두번째 차원이 반대면 각자가 초점을 맞추고 바라보는 세계 자체가 전혀 달라지기 때문에, 한 공간에 있어도 내용적으로는 전혀 딴 세상에 있는 셈이다.

이 열여섯 가지 유형이 대인관계에서 어떤 식으로 작용하는지 예를 들어보자. 상대와 내가 다른 성격 유형을 가진 경우 해답은 한 가지밖에 없다. '받아들인다' 또는 '이해한다'라고 표현하든 '포기한다'는 말로 표현하든 간에 말이다.

나는 아직도 사람이 어렵다

채영수 부장은 전형적인 내향 – 직관 – 감정 – 인식형INFP이었고, 김영은 차장은 외향 – 감각 – 사고 – 판단형ESTJ이었다. 둘은 네 가지 차원의 모든 글자가 반대다. 내향형인 채부장은 말수가 많지 않았으며, 주로 혼자 오랫동안 고민하고 사색한 후 결정을 내렸다. 업무 사이사이 휴식시간에도 밖에 나가 하늘을 쳐다보며 상념에 잠기거나 사무실에서 소설책이나 철학책을 보면서 쉬곤 했다. 반대로 외향형인 김차장은 매우 사교적이었고 활동량이 많았다. 혼자 일을 하면서도 계속 옆에 있는 사람에게 말을 시키고 수다를 떨어야 일이 잘됐다.

채부장은 김차장이 괜히 여기저기 왔다갔다하고 이 사람 저 사람 붙잡고 떠드는 것 같아서 못마땅하기도 했지만, 한편으로는 자신과 달리 사교적이고 자신에게도 친근하게 대하는 김차장이 대견스럽기도 했다. 반대로 김차장은 늘 무언가 골똘히 생각에 빠져 있고, 이것저것 말을 붙여도 간단히 대꾸하는 정도로만 반응하는 채부장이 영 불편했다.

직관형이었던 채부장과 감각형이었던 김차장은 일하는 방식도 전혀 달랐다. 김차장은 지금 가지고 있는 시장의 정보를 총동원해서 현시점에서 가장 적절한 판단을 내리는 데 탁월한 능력을 발휘했다. 특히 그녀는 프레젠테이션에서 발군의 실력을 뽐냈다. 누가 봐도 내용이 명쾌하게 느껴졌기 때문이다.

그런데, 채부장은 늘 김차장의 프레젠테이션이 2퍼센트 부족하다고 생각했다. 김차장이 발표하는 자료가 시장 상황에 장기적으로 영향을 주는 요인에 대한 고려가 부족하다고 느꼈기 때문이다. 이러한 채부장의 반응을 김차장은 늘 답답해했다. 실적도 좋은데 대체 무슨 문제가 생길 수 있다는 건지 갑갑했다. 물론 이론적으로야 그럴 수 있지만, 채부장의 생각이 당장 와닿지 않는 경우도 많았다. 하지만 채부장이 핵심을 찌르는 혜안을 가졌고 촌철살인의 논평을 가끔 했기 때문에 이에 대해서는 존경하기도 해 양가적인 마음이 있었다.

사무실에서 문제 상황이 벌어지면 두 사람의 반응도 판이하게 달랐다. 채부장은 "아니 뭐야? 그 자식들이…… 인간적으로 그럴 수가 있나? 당장 그쪽 회사 담당자 연결해봐!" 하는 식으로 반응했고, 김차장은 "음. 그쪽에서 그렇게 나온 이유는 시장 상황이 나쁘게 움직이고 있어서일 거야. 그쪽에 이렇게 대응해야 하겠다"라는 식으로 반응했다. 채부장은 일에 있어서 냉철하지 못한 자신의 단점을 김차장이 많이 보완해준다고 느꼈고, 김차장은 채부장을 인간적으로 믿고 따랐다.

마지막 특성도 둘은 많이 달랐다. 채부장은 일이나 시간에 있어 늘 '감'으로 움직였다. 반면 김차장은 머릿속에서 미팅시간과 경과, 절차에 대한 계획을 모두 짜놓고 이를 실행에 옮겼다. 프레젠테이션을 할 때도 채부장은 슬라이드가 매우 '헐렁'했고, 발표중 임기응변으로 넘어가는 경우가 많았다. 반대로 김차장은 모든 관련 내용과 발표할 때의 간단한 추가 코멘트까지 미리 다 준비를 해두었다. 거래처와 약속이 있는 경우에도 채부장은 '이

236　　　　　　　　　나는 아직도 사람이 어렵다

쯤이면 되겠지' 하는 때에 약속 장소로 출발했고, 김차장은 그날의 교통 상황을 미리 체크한 뒤 어떤 교통수단을 이용해서 몇시에 사무실에서 나갈지까지 계산해두었다. 채부장 입장에서는 그런 김차장이 다소 답답해 보였고, 김차장 입장에서는 채부장이 대책 없어 보였지만, 결과적으로 채부장은 그런 종류의 문제는 김차장을 믿고 많이 일임하게 되었다.

이처럼 MBTI로 나타나는 반대의 성향은 갈등과 오해의 소지가 될 수도 있지만 상호보완적으로 작용할 수도 있는 동전의 앞뒷면과 같은 특성을 띤다.

기질과 성격의 상관관계,

TCI

　　　　　　　한배에서 태어났다 할지라도 걸
음마 시작 전 단계에서부터 참 많이 다르다는 것을 일상적으로
경험한다. 어떤 아기들은 유달리 많이 울고 예민한가 하면 어떤
아이들은 무던하고 순하다. 요람에 누워 있을 때부터 말이다. 이
러한 특성 중 몇 가지는 생물학적인 연관성이 크고 성인기까지
도 상당한 영향을 미치면서 지속된다는 것이 알려졌다.

　　　이러한 배경에서 워싱턴 대학의 정신과 의사인 클로닝거
Robert Cloninger는 선천적이고 생물학적인 영향을 많이 받는 타고난
'기질적 특징' 네 가지와 후천적이면서 교육이나 환경의 영향을
많이 받는 '성격'(클로닝거가 말하는 'character'는 우리가 보통 '성

격'이라고 부르는 넓은 의미가 아닌 후천적인 성격적 특성에 국한한다. 그러나 이 'character'도 우리말 번역은 '성격'으로 되어 있다) 세가지를 측정하는 설문 도구를 만들어냈다.

클로닝거가 처음 개발한 TCI는 240문항으로 구성되어 있어 검사시간도 꽤 걸리고 분석에도 관련 전문가의 해석이 필요하다. 문항을 140개로 줄인 TCI-R은 국내에서는 '마음사랑'이라는 심리검사 기관에서 판권을 가지고 검사를 하고 있다. 독자들이 개인적으로 해보기는 현실적으로 어려운 검사이긴 하나, 각 항목의 특성을 보면서 자신이 어떤 상태인지를 어느 정도는 유추해볼 수 있다. 이 항목들은 MBTI와는 달리 연속적인 점수로 나타난다. 그리고 어느 특정 항목이 높거나 낮다는 게 좋다 나쁘다를 의미하지는 않는다. 나름대로 장단점이 있고, 단점을 좀 더 극복하는 방향으로 노력하는 데 이용하거나 대인관계에서 상태의 특성을 이해하는 데 도움이 될 수 있을 것이다. 우선, 기질temperament을 보자.

**새로움을 추구하는 사람 vs.
안정을 지향하는 사람**

사십대 초반의 가장인 임지수씨는 오늘도 아내에게 한소리를 들었다. 요즘 캠핑에 흠뻑 빠져 있는 그가 기존 장비도 쓸 만한데 새로운 장비가 나오자마자 충동구매를 했기 때문이다. 아내의 불만은 돈 문제만이 아니었다.

뭔가 새롭고 흥미가 있는 일에 일단 꽂히면 거기에만 정신을 쏟는 남편에 대한 불만이 그간 쌓여왔던 것이었다. 임지수씨는 소위 '얼리어답터'였다. 새로운 전자 제품이 나올 때면 밤새워 줄서 있다가 가게문을 열자마자 구입했다. 그리고 한 물건을 진득하게 오래 쓰지 못했다.

클로닝거는 타고난 선천적 기질 중 호기심이나 새로움에 대한 자극과 관련된 특성을 새로움 추구 Novelty Seeking, NS (자극 추구로 번역되기도 한다)라 명명했다. 임지수씨처럼 얼리어답터들, 호기심이 많은 사람들은 이 새로움 추구 점수가 상당히 높은 경우다. NS 점수가 높은 사람들은 흥미를 끄는 자극에 대해 민감하다. 호기심이 많다는 것도 같은 맥락일 것이다.

NS 점수가 높은 사람들은 일단 에너지가 많다. 그리고 관심사가 워낙 다양하기 때문에 당신이 그런 남자와 연애중이라면, 남자친구가 당신의 일상을 바쁘고 풍요롭게 해주기 때문에 심심할 사이가 별로 없을 것이다. 이들은 아이디어도 많고 일상이 늘 활기차다. 하지만 상당히 정신없고 부산해 보일 수도 있다. 조금이라도 새로운 것에 쉽게 자극받는다는 뜻은 반대로 충동적이며 지속적인 주의집중을 잘 못한다는 의미일 수도 있다. 작은 예로, 당신의 얘기가 조금만 길어져도 이들의 눈빛은 초점이 살짝 바뀔 수도 있다. 그새 딴생각을 하고 있는 것이다. NS 점수가 높은 이들일수록 심심하고 단조로운 것을 잘 견디지 못하는 반면, 자신이 좋아하고 흥미가 있는 일은 누가 업어 가도 모를 정도로 몰입한다.

만유인력의 법칙을 발견한 아이작 뉴턴에 관한 유명한 일화가 있다. 어느 날 뉴턴은 실험을 하던 도중 한 손에 시계를 쥐고 있다가 계란을 삶아 먹으려고 다른 한 손으로 계란을 집어 들어 끓는 물에 넣었다. 그러고서 실험을 마친 뒤 계란을 꺼내려고 냄비 뚜껑을 열었더니 그 안에는 시계가 들어 있었다. 실험에 너무 몰입하는 바람에 어느 손에 계란이 있고, 어느 손에 시계가 있는지조차 깜빡했던 것이다. 이런 경우가 NS 점수가 매우 높은 경우에 해당한다. 깊은 몰입과 사색이 필요한 과학자나 수학자에게 높은 NS 점수는 상당한 강점으로 작용하는 경우가 많다.

공학자나 자연과학자 중 학생 때는 어느 한 분야에 정신이 팔려서 학점도 형편없고 졸업도 겨우 했지만 졸업 후 연구과정에서 잠재력을 발휘해 세계적인 석학이 된 경우가 종종 있다. 이들은 대개 NS 성향이 높은 사람들이다.

반면에 의과대학처럼 짧은 시간 동안 방대한 양의 지식을 습득해야 하는 경우라면 NS 점수가 높은 학생은 적응에 상당한 어려움을 겪는다. 끊임없이 이어지는 시험에 맞추어서 공부를 해도 모자랄 판에 이것저것 잡다하게 관심을 가져서 집중이 분산되기 때문이다. 실제로 필자가 본, 의과대학에서 적응에 실패하는 학생의 상당수는 이 NS 점수가 매우 높은 경우였다. 자신이 이러한 성향이라면 최대한 현실에 맞추어 목표를 구체적으로

정하고, 계획도 최대한 구체적으로, 그리고 관심이 분산될 만한 일 등은 아예 시야에서 치워놓는 게 필요하다.

만약 당신의 부하 직원이 NS 성향이 높은 경우라면, 잠재 능력이 풍부함에도 불구하고 가시적인 성과는 미미할 수 있다. 이런 경우에는 과정을 좀더 구체적이고 단순화하도록 유도하고 목표를 단계적으로 세분화해주는 것이 좋다. 이들은 동기 부여만 잘 되면 강도 높게 몰입할 수 있는 성향이므로, 적극적인 격려나 칭찬 등으로 동기 유발을 많이 시켜주는 것이 좋은 방법이다. 당신의 배우자가 NS 성향이라 이것저것 새로운 일을 자꾸 벌이거나 각종 취미에 빠져 물건을 사들이는 경우, 그 '버릇'을 단단히 고치려고 하는 것은 대개 효과적이지 못하다. 그보다는 최대한 용인해줄 수 있는 범위 내에서는 뭘 하든 융통성 있게 하도록 일종의 틀 내지 울타리를 서로 정해놓는 것이 현실적인 방법이다.

게임중독이나 도박, 알코올, 마약 중독 등에 쉽게 빠지는 사람들도 대체로 이 NS 점수가 높다. 게임이나 도박, 술, 마약만큼 매 순간 자극적인 느낌을 주는 것이 또 있을까. 다른 항목들도 그렇지만 NS 성향의 경우에도 항상 이중적인 특성이 있기 마련이다.

그렇다면 NS 성향이 낮은 경우는 어떨까. 답은 간단하다. NS 성향이 높은 경우와 반대라고 생각하면 된다. 즉, NS 점수가

나는 아직도 사람이 어렵다

낮은 사람들은 대부분 안정 지향적이다. 이들은 모험을 즐기지 않고, 새로운 것보다는 익숙한 방식을 훨씬 편안해한다. 거꾸로 생각하면 별 재미는 없는 사람들이란 뜻이기도 하다.

이러한 특성은 여간해서는 잘 변하지 않는다. 앞서 말한 것처럼, 타고난 생물학적 특성이 밑바탕에 깔려 있기 때문이다. NS 성향은 도파민이라는 신경계통 호르몬과 상당히 밀접하게 관련된다고 알려져 있다. 도파민이라는 물질은 쾌락이나 흥분, 주의집중력, 공격성, 적극성 등과 관계된다. 따라서 상대의 특정한 성향을 잔소리를 비롯한 어떤 방식으로 완전히 바꾸려고 애쓰는 것은 이 호르몬의 기능을 바꾸려고 하는 것과 마찬가지다. 그만큼 쉽지 않을 것은 당연한 이치다.

소심하고 꼼꼼한 사람 vs. 낙천적인 사람

똑같은 환경에서 자란다 할지라도 어떤 아이들은 겁이 별로 없는가 하면, 어떤 아이들은 유달리 겁이 많고 낯을 더 많이 가리기도 한다. 위험 회피Harm Avoidance, HA는 닥쳐올 위험이나 좋지 않은 상황에 대한 대비와 불안, 야단이나 처벌에 대한 두려움 등과 관련이 있다.

삼십대 초반의 전문직 여성 박예진씨에게는 프레젠테이션이 영원한 숙제였다. 직업상 프레젠테이션을 해야 할 경우가 많았는데, 발표 한 달 전만 되면 지레 머리가 아프고 불안해지기 시작했다. 그럴 필요가 없다는 것을 머리로는 알았지만 몸과 마음이 따라주질 않았다. 발표하기 삼사 일 전이 되면 이러한 문제는 극에 달해서 다 팽개치고 어디로든 도망갈 수 있으면 그렇게라도 하고 싶은 마음이 굴뚝같았다. 수없이 혼자 연습한 것과 다르게 프레젠테이션 날에는 긴장이 심해서 목소리가 크게 나오지 않거나 자꾸 떨렸고 얼굴이 붉어지기도 해 충분히 실력을 발휘할 수 없었다. 그녀의 이러한 특성은 그녀가 떠올릴 수 있는 가장 어린 시절의 기억까지 연결되어 있었다. 예진씨는 유년 시절부터 유독 겁이 많고 모든 일에 매우 소심했다. 심지어 옆집 강아지에게 멀찌감치 떨어져서 인사를 하다가도 강아지가 예진씨 근처로 달려오면 기겁을 하고 소리를 지르곤 했다.

박예진씨 같은 경우는 HA 성향이 매우 높은 경우에 해당한다. 그녀는 HA 성향이 단순히 높은 정도를 넘어서 사회공포증 내지 무대공포까지 보이고 있다. HA 성향이 높은 사람들은 긴장하지 않을 만한 상황에서도 잘 긴장하고 어느 정도 익숙한 상황에서도 쉽게 위축된다. 사소한 것에 집착하고, 부정적이며 비관적인 잡생각이 끊이지 않는 경우가 많다. 이런 사소한 생각들로 머릿속이 늘 복잡하고 '엔진'이 다른 사람들보다 훨씬 많이 돌아가기 때문에 쉽게 피로해진다. 같은 상황에서도 그렇지 않은 사람들에 비해 주관적으로 느끼는 스트레스가 당연히 높을 것이다. 그래서 딱히 병이 없는데도 늘 몸이 여기저기 안 좋은 경우가 흔하다. 수줍음이 많거나 낯가림이 심한 것도 이러한 특

나는 아직도 사람이 어렵다

성 때문이다.

HA 성향이 높은 사람을 찾는 건 그다지 어렵지 않다. 부하 직원 중에 박예진씨 정도까지는 아니더라도, 아주 편안한 상황에서는 말도 비교적 잘하고 자연스러워 보이는 직원이 일반 업무나 특정 상황에서 뭔가 소극적이고 불편해 보인다면 십중팔구 HA 성향이 높은 것이다.

HA 성향이 높다고 단점만 있는 것은 아니다. 이들은 매사에 준비 태세가 높고, 혹시 닥쳐올지 모르는 좋지 않은 상황에 대한 준비성이 철저하며, 조심성이 많고 매우 꼼꼼하다.

반대로 HA 성향이 낮으면 낙관적이고 여유 있는 태도를 보인다. HA 성향이 높은 사람과 반대라고 생각하면 대개 틀리지 않는다. 그러나 낙관적이고 여유가 있는 것을 언제나 장점으로 볼 수는 없다. 특히나 새로움 추구NS 성향이 높으면서 위험 회피 HA 성향이 낮은 사람은 상당히 충동적인, 위험도가 높은 투자 같은 것을 할 가능성이 많다.

NS 성향과 HA 성향이 동시에 높은 경우도 흥미롭다. 이런 경우는 고민과 걱정이 많으면서도 새로운 일을 계속 벌이고 다소 충동적인 특성까지도 보일 수 있다. 한마디로 계속 일을 벌이면서 끊임없이 걱정하는 유형이다. 이런 경우는 HA 성향만 높은 경우보다도 더 피곤한 삶을 살 수도 있다. 결국 어느 쪽이든 자신의 성향에 따른 단점 쪽으로 삶이 흐르지 않도록 의식적으로 노력하고 조절해야 한다. 관계 속에서 상대방을 이해하고 여러 가지 일이나 갈등을 조율하는 것도 같은 맥락에서 이루어질 수 있을 것이다.

주변에 민감한 사람 vs. 주변에 둔감한 사람

사회적 민감성 Reward Dependence, RD 은 관계 속에서 인정을 비롯한 어떤 심리적, 물질적 보상에 얼마나 민감한가 하는 정도를 나타낸다. RD 성향이 높은 사람들은 관계에서 다른 사람들의 평가에 민감하다. 이들은 거절에 매우 예민하고 남에게 싫은 소리 하기를 정말 죽기보다 싫어한다. 늘 타인과의 관계에서 친밀하고 가까운 거리를 유지하기 바라며, 남에게 항상 좋은 평가와 얘기만 듣기를 원하고, 다른 사람들이 모두 자신을 좋아하기를 바란다. RD 성향이 높은 사람들은 대인관계가 두루두루 원만한 경우가 많다.

그러나 반대로 생각해보면, 그만큼 사람을 피곤하게 만들 수 있는 것도 별로 없다. 모든 사람과 잘 지내야 한다고 느끼는 것 말이다. RD 성향이 높으면 사회성이 높지만 관계 스트레스에 상당히 민감해질 위험도 있다. 게다가 RD 성향이 지나치게 높으면 타인에게 너무 의존하게 되거나 줏대 없게 보일 수도 있다.

인간은 관계 속에서 살아간다. 그렇기 때문에 이 RD 성향이 너무 낮은 사람은 독불장군이 되거나 의도하지 않은 외톨이가 되는 경우가 종종 있다. 한마디로 다른 사람이 뭐라 하건 말건 별 신경을 안 쓰는 것이다.

잘 참는 사람 vs.
못 참는 사람

인내력Persistence, P은 지루하고 반복적인 일을 얼마나 잘 참고 끈기를 유지할 수 있는가 하는 성향이다. 장점이면서도 동시에 단점이 될 수 있는 위의 세 기질적 특성과는 달리 인내력은 그 성향이 높으면 높을수록 장점이라고 본다. 특히나 우리나라처럼 반복적인 학습과 문제풀이가 주된 입시 교육 제도에서는 이 P 성향이 낮으면 경쟁에서 뒤처지기 십상이다.

하지만 P 성향이 낮다고 반드시 나쁜 것만은 아니다. 이 성향이 적당히 낮으면 현실과 적절한 타협을 하고 현재에 만족하는 정도가 더 높을 수도 있기 때문이다. 인내력, 참을성 역시 상당한 정도는 타고나기 때문에 기질적 특성 네 가지 중 하나로 분류되었다.

성격의 세 가지,
자율성, 연대감, 자기 초월

후천적 특성으로 양육과 교육의 영향을 많이 받는 '성격' 세 가지도 있다.

앞서 설명한 네 기질은 선천적인 성향이 강하고, 그 성향에 따라서 현실과의 조화를 이루는 노력이 필요하다. 이런 측면은 다음의 세 가지 성격에 대해 훨씬 더 많이 적용된다고 볼 수 있다. 본인의 후천적인 노력의 영향을 상대적으로 더 받기 때문이다. 이러한 성격 세 가지로 클로닝거는 자율성Self-Directedness, SD, 연대감Cooperativeness, C, 자기 초월Self-Transcendence, ST을 들었다.

첫째, 자율성SD이다. 자율성은 말 그대로 자율성, 독립심, 책임감, 삶과 세계에 대한 자신 스스로의 의미 부여, 스스로에 대한 동기와 목표 부여 등을 그 특징으로 한다. 자율성 지표가 높은 사람들은 열거한 특성이 높은 사람들이다. 다소 거칠게 표현하자면, 이런 사람들이 많은 조직은 일단 '되는 조직'이라고 볼 수 있다. 누가 시키든 말든, 각자가 자신의 일에 대해 스스로 의미 부여를 하고 주인 의식과 책임감을 가지고 일을 하기 때문이다. 반면, 이 SD 지표가 높은 사람들만 모여 있으면 갈등이 유발되고 주장이 팽팽하게 대립되어 배가 산으로 갈 위험도 있다. 따라서 이를 적절히 조율할 수 있는 리더십이 필요하게 된다.

반대로 SD 지표가 낮은 사람들은 의존적인 성향이 강하다. 극단적으로 이야기하자면 자신의 삶에 대한 주체성이 전혀 없이 물에 물 탄 듯, 술에 술 탄 듯, 이 사람 말에도 혹하고, 저 사람 말에도 혹하면서 살아간다. 문제가 생길 때 주로 남 탓을 많이 하는 사람들은 SD 지표가 낮은 경우다. SD 지표가 낮은 사람들은 자신의 삶과 일, 관계에 대해 좀더 주체적인 면에서 끊임없이 생각하고 주위의 피드백을 받으며 노력할 필요가 있다. 이런 사람이 많은 조직은 뭐 하나 제대로 돌아가기가 어렵다. 조직적인 차원에서 개개인의 동기를 고취할 수 있는 여러 가지 당근과 채찍이 필요하고 최근에 많이 행해지고 있는 사내 인문학 강의처럼 개인의 삶의 의미를 생각해보는 기회가 되는 프로그램도 적극적으로 요구된다.

후천적 성격의 두번째 항목은 연대감c이다. 이 항목은 자신의 개인성에 대한 중요도만큼이나 자신도 전체 조직이나 사회의 한 부분이라는 것을 인식하는 것이다. 이 C 지표가 높은 이들은 조직 내에서 타인과 자신의 욕구를 잘 절충하고, 협동성이 높으며, 다른 사람의 입장을 잘 배려하면서 헌신과 봉사도 기꺼이 한다.

C 지표가 높은 것은 상당한 장점이긴 하지만, 반대로 SD 지표가 너무 낮고 C 지표가 높으면 줏대는 없으면서 어떤 단체에 소속되어 있다는 것으로 삶의 의미를 찾을 수도 있다. 현재도 그렇지만 산업화 과정에서 우리 사회에 뿌리 깊게 만연해온 학연과 지연의 폐해도 이와 관련되는 부분일 것이다.

TCI의 마지막 일곱번째 항목이자, 후천적인 성격의 세번째 항목은 자기 초월sт이다. 이 항목은 나머지 다른 여섯 개 항목과는 특성이 많이 다르다. 쉽게 말하면, 영성이나 종교적 성향, 삶의 의미에 대한 태도 같은 것들을 생각하면 된다. 이 ST 성향이 높은 사람들은 영적인 것, 지금 눈에 보이지 않는 삶과 세계의 의미들, 개인과 구체적 현실을 넘어선 자연과 생명의 의미 등에 태도가 열려 있고 관심이 많다. 종교인이나 구도자는 말할 것도 없고 환경과 생태에 관심이 많은 사람들도 이 항목의 점수가 높다.

흥미롭게도(어쩌면 당연하게도) ST 특성이 강한 사람들은 죽음과 임종, 이별, 애도 등의 문제에 대해 좀더 유연한 태도를 보인다고 한다. 반대로 ST 항목이 낮은 사람들은 매우 현실적이고 구체적이며 실제적인 가치를 중시한다. 합리적이고 객관적인 것을 중시하고 모호하고 불가사의한 것을 배격하는 성향이 있다.

앞에서는 대체로 일반인의 범주에 속한 사람들의 이야기를 했다면 지금부터는 정신의학이나 심리학 비전공자들의 입장에서는 잘 이해하기 힘들고 혼란스러울 수도 있는 경우를 살펴보겠다. 바로 반사회적 인격장애Personality Disorder, PD 환자들이다. 그중에서도 겉으로는 사회적으로 일정 수준 이상의 성취도를 보이는 소시오패스가 심각한 문제다. 안타깝게도 우리 사회 어느 조직에서든 생각보다 이런 사람들을 쉽게 볼 수 있다.

소시오패스 외에도 여러 종류의 인격장애를 겪고 있는 사람들과 공감 능력과 사회성이 결여된 성인 아스퍼거 증후군을 앓는 사람들 중 일부에 대한 이해가 필요하다. 물론 누구나 당연히 성격이 완벽할 수는 없고 조금씩 각자의 문제가 있기 때문에, 소시오패스를 제외한 다른 인격장애의 경우 건강한 일반인에게서도 이들의 특성들이 얼마든지 일부 나타날 수 있다. 여기서 이야기하는 것은 스펙트럼의 극단에 위치하는 사람들임을 밝혀둔다.

미국정신의학회에서는 정신건강의학과의 전반적인 진단 가이드를 제시하는 진단분류DSM 체계를 발간하는데, 1952년에 첫판이 나온 뒤로 현재 5판까지 발간이 되었다. 이 DSM 체계에서는 인격장애를 공식적으로 열 가지로 분류하는데, 우선 대표적인 다섯 가지 인격장애 유형과 성인 아스퍼거 증후군에 대한 내용을 소개하고자 한다. 진단 기준 목록은 대한신경정신의학회에서 발간한 『신경정신의학』(중앙문화사, 2005)의 2판을 따랐고, 번역이 다소 어색한 부분은 필자가 일부 수정하였음을 밝혀둔다.

악의 축, 소시오패스
: 반사회성 인격장애

가끔 엽기적인 범죄 행각으로 신문이나 방송을 떠들썩하게 하는 사람들이 있다. 이들 중 상당수가 소시오패스로 인격, 성격상의 특별한 문제가 있는 사람들이다. 문제는 당신의 회사, 당신의 조직에 있는 소위 사회적으로 성공한 소시오패스다. DSM에서는 소시오패스에 대해 이렇게 정의한다.

나는 아직도 사람이 어렵다

"다른 사람의 권리를 무시하고 침해하는 행태를 전반적, 지속적으로 보인다. 반복적인 범법 행위로 체포되는 등 법률적 사회 규범을 따르지 않는다. 거짓말을 반복하거나 가명을 사용하거나, 자신의 이익이나 즐거움을 위해 다른 사람을 속이는 사기성이 있다. 쉽게 흥분하고 공격적이어서 타인을 공격하는 일이 반복된다. 자신이나 타인의 안전을 무모하게 무시한다. 시종일관 무책임하다. 예를 들어, 당연히 해야 할 재정적 책임을 다하지 않는다. 다른 사람에게 해를 입히거나 학대하는 것, 또는 다른 사람의 물건을 훔치는 것을 아무렇지도 않게 여기거나 합리화하는 등 양심의 가책을 느끼지 않는다."

DSM의 이러한 정의는 주로 사회적 기능이 떨어지는 범법자 쪽에 좀더 초점을 맞추고 있다. 그러나 문제는 당신의 사무실, 당신의 직장에 있는, 그것도 고양이의 탈을 쓴, 소위 사회적으로 성공한 소시오패스다. 위의 정의 중에서 '반복적인 범법 행위'나 '물건을 훔치는 것' 정도를 제외하고 보면 크게 다르지 않을 것이다. 겉으로는 굉장히 '나이스'하고, 언변이 좋은 경우도 많다. 전형적인 화이트칼라 사기꾼을 생각하면 좋을 것이다.

소시오패스 가운데 인지적인 기능이 뒷받침되는 경우, 회사의 사장이나 국회의원, 법률가, 의사, 언론인 등 각계각층의 리더가 되기도 한다. 이들은 법과 원칙의 테두리를 수시로 넘나들면서 거짓말을 밥 먹듯이 하고 다른 사람의 권리나 존재를 완전히 무시한다. 이들은 원칙의 선을 넘나들면서 '관례'를 자주 들

먹인다. 물론 사회가 변화하는 과정에서 어느 정도의 관례는 용납될 수 있다. 그러나 이들은 용납하기 어려운 일을 통상적으로 용인될 수 있는 관례에 교묘하게 '물타기'하는 특성을 보인다. 이들은 누가 봐도 뻔히 알 수 있는 새빨간 거짓말을 하기보다는 맥락의 뉘앙스를 살짝 바꾸거나 한두 마디 정도 단어를 바꾸어 내용을 정확히 모르는 사람이 잘 파악하지 못한 채 넘어가게 만들기도 한다.

이들은 타인을 도구로 생각하며 공감(역지사지) 능력이 전혀 없다. 물론 어느 정도 인지 능력이 받쳐준다면 상대방에게 공감하는 듯한 발언을 하거나 그런 태도를 취할 수도 있다. 하지만 이들은 진정한 의미에서의 죄책감이나 수치심을 느끼지 못한다. 물론 본인은 자신이 그렇다는 걸 전혀 인정하지도, 느끼지도 못하는 경우가 많다. 죄책감은 아예 느끼지 못하고, 자신의 치부가 드러나서 주위 사람들에게 욕을 먹고 자신의 처지가 어려워지면 그제서야 수치심을 느끼기도 한다. 하지만 이때의 수치심은 원래 의미의 '부끄러움'과는 거리가 멀다. 이들은 죄책감이나 수치심을 머리로만 학습해서 죄책 행동이나 수치 행동을 관습적으로 보일 뿐인데 이를 감별하기란 쉽지 않다. 이들 중에는 사람을 휘어잡는 카리스마를 갖춘 경우도 꽤 많아서, 만약 이런 사람이 당신의 상사라면 당신은 계속 당하면서도 혼자 혼란스러워하고 괴로워할 수도 있다.

오십대 초반의 화학과 교수인 김동희씨는 소위 일류대를 나온 뒤 외국에서 박사 학위를 받고 서른 중반에 국내에서 손꼽히는 대학에 부임했다. 그의 경력도 뒷받침됐지만 언변이 좋고 인상도 깔끔해 늘 그가 가진 실력이나 능력보다 더 많은 무언가를 지닌 듯한 인상을 주었다. 덕분에 그의 실험실은 계속해서 커졌고, 수백억 원의 연구비를 굴리는 정도로 '잘나갔다'. 겉으로 드러나는 면과는 달리, 그의 연구 능력은 그다지 뛰어나지는 않았다. 박사후과정생과 박사과정생을 잘 둔 덕에 그들을 이용해 연구를 수행해나갔다. 단어 한두 마디를 조금씩 바꾸어서 거짓말을 했고, 좁고 보수적인 학계 분위기에서 자신의 의견을 내거나 권리를 주장하기 어려운 제자들을 은근슬쩍 협박해 자신의 욕심을 채웠다. 제자들의 논문을 가로채기도 했고, 연구비를 유용하여 자신의 용돈으로 몰래 쓰기도 했다. 제자들에게 가야 할 인건비를 실험비 명목으로 받아서는 개인적인 용도로 사용하는 일도 잦았다. 결국 몇 년간 시달리던 박사과정생 한 명이 이를 내부고발했고, 학교에서는 그를 권고사직시키는 선에서 일을 조용히 마무리하기로 했다.

그 과정에서 흥미로운 점이 발견되었다. 저 상황에서 김동희 교수가 어떻게 반응했을까? 놀랍게도, 그는 '억울하다'고 했다. 그것도 '남들도 다 그러는데' 정도가 아니라 본인은 전혀 잘못이 없고 '실험실을 위해서' '제자들을 위해서' 그랬는데 무능력한 제자 녀석의 배은망덕한 행동 때문에 자신이 희생당했다고 생각했다. 그는 표면상 항변의 이유로 '관례'를 들었다. 물론 없어져야 할 관례가 아직도 일부 남아 있긴 했지만, 김교수처럼 '대놓고' 탈법적인 행위를 하는 경우는 최소한 10년 전에 다 사라졌는데도 말이다. 대외적으로는 자진 사직 처리가 된 탓에 김교수는 3개월 뒤 지방 중소도시에 위치한 다른 대학으로 자리를 옮길 수 있었다. 학회 내에서도 그와 이해관계가 얽혀 있거나 친했던 사람들은 그가 누명을 썼다거나, 그의 말처럼 '관례'를 따랐는데 '희생양'이 되었다고 그를 두둔했다. 김교수는 태연하게 학회 발표장에 나타났고 계속 학생들을 가르쳤다.

이러한 소시오패스는 우리 사회 곳곳에, 그것도 생각보다 정말 많이 있다. 묘한 것은 이런 일이 생기면 여기에 동조하는 세력도 꽤 된다는 점이다. '유유상종'이라는 말처럼 비슷한 인물끼리 어울리는 경우도 많고, 이들의 사회적인 영향력이나 태연한 태도, 사후에도 계속되는 거짓말 등에 설득되는 경우도 많다. 앞서 말한 바와 같이, 문맥의 뉘앙스를 아주 살짝 바꾸거나, 한두 단어를 생략 또는 추가해 말을 바꾸기 때문에 정확한 사정을 모르는 사람이 들으면 솔깃해지는 경우가 대부분이다.

사십대 후반의 외국계 은행 이사인 허기성은 엘리트 코스를 밟은 수재였다. 허이사를 만난 사람은 누구라도 그의 첫인상에 반하지 않을 수 없었다. 화술이 대단히 뛰어나고 인물이 훤했다. 늘 깔끔한 외모에 표정 관리도 잘해서 늘 환한 느낌이었다. 그런데 조직 내 몇몇 부하 직원들에게 그는 '악마' 같은 존재였다. 부하 직원이 좋은 아이디어나 실적을 내면 허이사가 그것을 가로채기 일쑤였다. 혹시나 부하 직원이 불만을 가질까봐 언젠가는 보상을 해줄 것처럼 구슬리기도 하고, 여차하면 자신의 인맥을 이용해서 이 좁은 바닥에 발을 못 붙이게 하겠다는 식으로 협박도 했다. 다소 순하고 자신의 말을 잘 듣는 몇몇 직원에게는 온갖 감언이설을 해주고 여러 가지 특혜를 주어 자신만의 '조직'을 관리하고 있었다.

상당히 은밀하게 이런 일이 진행되었지만 조직 내에서 어느 정도 소문이 돌았다. 허이사 때문에 만신창이가 되어 회사를 떠나는 직원들도 있었지만 '공식적'으로는 그의 실적이 뛰어났고 조직을 휘어잡는 스타일이라 윗선에서는 정확한 상황을 파악하지 못했다. 묘하게도 이런 성격의 남자들은 히스테리적 성격의 여자들과 잘 맞는지 허이사는 경쟁 회사의 이수정이라는 미혼의 여자 부장과 사귀게 되어 비밀 동거를 시작했다. 두 사람이 동거한다는 소문, 게다가 경쟁 업체인 두 회사의 유부남 이사와 미혼인 부장에 대한 소문이라 회사 내에서도 말들이 오갔다. 허이사 회사의 사장은 이 소문을 듣고 상당히 고심했으나 그의 실적 때문에 결국 이를 묵인하게 되었다. 몇 년 뒤, 이들의 비밀 동거에 대한 소문이 대주주들에게까지 알려졌고, 허이사가 이수정 부장에게 회사의 기밀 자료를 넘겨준 것이 탄로나서 허이사는 물론 그 회사의 사장까지 해임되었다.

이 부류의 인간들은 만나지 않을 수 있다면 가장 좋다. 살면서 이런 인간을 한 번도 만나지 않았다면 당신의 팔자에, 조상의 음덕에 깊이 감사할 일이다. 만약 조금이라도 엮인다면 최대한 빨리, 최대한 멀리 도망쳐야 한다. 타협이든 뭐든, 다른 방법은 불가능하다. 다시 한번 강조하지만, '성공한 소시오패스'라고 느껴지면 망설이지 말고 도망칠 수 있을 때 무조건 도망쳐라. 긴가민가하다가 '확진'하게 될 때, 이미 당신은 만신창이가 되어 있을 것이다. 한 번 그렇게 당한 다음에라도 완전히 늦은 것은 아니다. 몇 번을 당해도 여전히 긴가민가하면서 그 손아귀에서 벗어나지 못하는 경우도 워낙 많으니까 말이다.

현실적으로 도망칠 수 없다면, 이들을 최대한 멀리하라. 이렇게 거듭 강조하는 이유는, 그들의 특성 때문도 그렇지만 생각보다 이런 유의 사람이 우리 주변에 상당히 많기 때문이다. 이런 사람을 마주쳤을 때, 심지어는 한두 번 심하게 당했음에도 불구하고 도망치지 못하는 데에는 현실적인 이유도 있지만 이들의 특성도 한몫을 한다. 카리스마와 확신에 찬 이들 특유의 태도 때문에, 게다가 이들이 가진 사회적 지위 때문에 피해자들은 자꾸 혼자서 혼란스러워지고 '내가 뭔가 잘못 판단한 게 아닐까' '손바닥도 마주쳐야 소리가 난다는데 나에게도 뭔가 문제가 있는 것은 아닐까'라는 식으로 생각이 오락가락한다. 물론 모든 일에는 본의든 아니든 어느 정도 각자의 역할은 있기 마련이다. 그렇지만 당신의 그 억울함, 그 감정을 최대한 믿는 게 최선이다.

만약 당신이 회사의 사장과 같은 조직의 수장이라면, 허이사 같은 사람을 축출할 기회가 있을 때 바로 쫓아야 한다. 사회적인 성취를 거둔 소시오패스를 바라보며 주위 사람들이 느끼는 무력감은 상당히 큰 문제가 될 수 있다. 이는 눈에 보이지 않는 부정적인 분위기, 분노를 조직에 확산시킨다. 물론 많은 경우의 소시오패스가 '자기 꾀에 자기가 넘어'가지만 모든 소시오패스가 그런지는 사실 알 수 없다. 지금 먹고 있는 곶감이 달다고 한 개 두 개 빼 먹는 맛에 그런 이들을 밑에 두고 이용하려다보면 눈치채지 못하는 사이에 당신이 운영하는 회사는 만신창이가 되어 있을 것이다.

천상천하 유아독존
: 자기애성 인격장애

자기애성 인격장애는 소시오패스와 상당히 유사하다. 어느 정도 죄책감이나 양심이 있다는 것, 문제의 심각성이 소시오패스에 비해서는 조금 덜하다는 것, 소시오패스와 달리 법이나 정해진 어떤 선을 잘 넘나들지 않는다는 것 정도가 다를 뿐이다. 학자에 따라서는 이 두 인격장애를 구분하지 않기도 하고, 필자 또한 소시오패스와 자기애성 인격장애는 일련의 스펙트럼상의 차이가 있을 뿐 근본적으로는 차이가 없다고 생각한다. 결국 특정한 상황에서는 이들도 소시오패스적인 행동을 얼마든지 보일 수 있기 때문이다. DSM 기준에서는 "과대성(공상 또는 행동상), 복종에의 요구, 감정이입의 부족이 광범위한 양상으로 있다. 이는 청년기에 시작되며, 여러 상황에서 나타나고, 다음 중 다섯 가지 또는 그 이상 항목으로 나타난다"라고 정의한다. 여기서 말하는 항목은 다음과 같다.

- 자신의 중요성에 대한 과대한 느낌을 가지고 있다. (예를 들어, 성취와 능력에 대해서 과장한다. 적절한 성취 없이 특별 대우받기를 기대한다.)
- 무한한 성공, 권력, 명석함, 아름다움, 이상적인 사랑과 같은 공상에 몰두한다.
- 자신의 문제는 특별하고 특이해서 다른 높은 지위의 사람(또는 기관)만이 그것을 이해할 수 있고, 그와 관련해야 한다고 믿는다.
- 과도한 복종을 요구한다.
- 자신이 특별한 자격이 있다고 느낀다.
- 대인관계에서 착취적이다. 즉 자신의 목적을 달성하기 위해서 타인을 이용한다.
- 감정이입이 결여되어 타인의 느낌이나 욕구를 인식하거나 확인하려 하지 않는다.
- 다른 사람을 자주 시기하고 질투하거나 반대로 다른 사람이 자신을 시기한다고 믿는다.
- 오만하고 건방진 행동이나 태도를 보인다.

나는 아직도 사람이 어렵다

앞서 소개한 바 있는 코헛은 이러한 자기애성 인격장애가 있는 사람들을 주로 상담하고 연구했다. 이들은 인정에 대한 욕구가 '밑 빠진 독'처럼 채워도 채워도 끝이 없다. '고양이와 사자'의 얘기가 이들의 경우에 매우 전형적으로 적용되는데, 겉으로는 강해 보일 수는 있어도 반대로 자존감이 매우 낮다. 그 낮은 자존감을 계속 채우기 위해서 타인의 인정을 끊임없이 필요로 한다.

이들은 성장과정에서 필요한 최소한의 인정을 유년 시절에 유달리 못 받은 경우가 많다고 알려져 있다. 그러한 결핍의 영향으로 이들의 내면에는 이를 보상해줄 과대한 내면 거울이 형성된다. "거울아 거울아, 나 어때?"라고 물었을 때 "당신이 세상에서 최고죠. 천상천하 당신뿐이에요. 다른 사람은 다 형편없어요"라고 대답하는 거울 말이다. 이들의 내면 거울에는 타인이 들어갈 자리는 없다. 이 내면 거울은 자기 자신만을 비추는데 그것도 언제 터질지 모르는 풍선이나 거품처럼 부푼, 이상화된 모습만을 비춘다.

자기애를 뜻하는 나르시시즘이라는 단어의 유래도 흥미롭다. 나르시시즘에 대해서는 지그문트 프로이트가 처음 기술했는데, 그는 수선화(나르키소스)에 얽힌 그리스신화에서 이 용어를 착안했다. 나르키소스는 멋있고 잘생긴데다가 요즘 식으로 말하면 일명 '까도남'이었던 모양이다. 그는 수많은 여성 요정들의 마음을 설레게 했지만 그들의 구애를 모두 가차없이 뿌리쳤다. 어느 날 마음에 상처를 받은 한 요정이 신에게 나르키소스가 사랑이 무엇인지, 반응 없는 일방적인 사랑이 얼마나 고통스러운지 알게 해달라고 기도했다. 이 기도를 복수의 여신 네메시스가 받아들였다. 산속에는 맑고 고와 밝게 빛나는 샘이 하나 있었다. 산양을 비롯한 산속의 모든 동물들은 그 샘물만은 더럽히지 않도록 그 근처에는 가지 않았다. 그러던 어느 날, 사냥을 나온 나르키소스가 무더위로 인한 갈증 때문에 그 샘물 근처로 왔다. 물을 마시려고 샘가에 엎드려 고개를 숙인 순간, 그는 수면에 비친 자신의 모습을 보게 되었다. 나르키소스는 거울 같은 수면에 새겨진 그 모습이 자신의 모습이라는 것도 모른 채 사랑에 빠지게 되었다. 아무리 잡으려 해도 잡히지 않고 입을 맞추려고 해도 그 순간 사라져버리는 그 이미지 때문에 그는 먹는 것, 자는 것을 모두 내팽개친 채 샘가를 방황했다. 결국 식음을 전폐하던 나르키소스는 샘물가에서 죽었고, 이후 그 자리에 한 송이 꽃이 피었다. 그 꽃이 바로 수선화였다. 이런 이유로 수선화는 자기애라는 꽃말을 갖게 되었다. 나르키소스 같은 자기애를 나르시시즘이라고 부른다.

어느 정도의 나르시시즘은 삶을 건강하게 영위하기 위해서 반드시 필요하다. '나는 이런 면은 좀 부족하지만 이런 면은 나름대로 괜찮아. 부족한 것은 노력해서 메울 수 있어. 정 안 되는 부분은 어쩔 수 없잖아? 모든 면에서 완벽할 수는 없으니까. 어

나는 아직도 사람이 어렵다

쨌든 전반적으로 난 괜찮은 사람이야' 하고 생각하지 않고, '넌 정말 쓰레기야. 넌 정말 못났어'라는 식으로 얘기하는 내면 거울을 가지고 있다면 제대로 살기 힘들 것이다. 게다가 어느 정도의 결핍감은 필요를 낳고, 필요는 성취의 원동력이 되기도 한다. 하지만 자기애적 인격장애는 건강하고 필수불가결한 나르시시즘의 차원과는 한참 동떨어져 있다.

이러한 성격 유형은 소시오패스보다 우리 주위에 더 많다. 이런 사람이 윗사람일 때는 사실 참 힘든데, 어쩔 수 없이 그와 잘 지내려면 최대한 칭찬과 인정을 계속 표현하는 수밖에 없다. 그러나 착취적이고 탐욕적인 면에 대해서는 어느 정도 선을 그어야 한다. 어떤 핑계를 대든지 착취적인 태도에 대해서 표현은 부드럽지만 분명하게 선을 긋지 않으면 계속 '밀고 들어'온다. 이런 유형의 사람은 하나를 해주면 만족하고 고마워하는 것이 아니라 둘, 셋, 열을 원하게 될 것이다.

대기업 부장이었던 김동성씨는 전형적인 자기애적 인격의 특성을 가지고 있었다. 늘 자신만만하고 성격이 급했던 그는 후배들을 만나면 한 시간이고 두 시간이고 본인 자랑을 늘어놓기 바빴다. 그는 항상 "내가 말이야" "내가 3년 전에 말이지" 등으로 항상 '내'가 모든 일의 중심이었다. 그의 말을 액면 그대로 받아들인다면 그가 없었으면 회사가 성했을까 싶을 정도였다. "부장님 대단하시네요. 어떻게 그런 일들을⋯⋯"처럼 칭찬 내지 아부를 하지 않으면 비슷한 얘기가 계속 이어졌고, 적당히 맞춰주면 그러는 대로 한참을 듣고 있어야 했다.

　김부장은 일을 하는 데 있어서는 시간이나 에너지가 부족했다. 자신의 거의 모든 업무를 부하 직원, 특히 만만해 보이는 직원들에게 다 시켰다. 딱히 공적인 업무라고 보기 어려운 개인적인 일까지 시킬 정도로 굉장히 착취적이었다. 반면 뭔가 까칠해 보이거나 만만치 않아 보이는 부하 직원들은 함부로 대하지 못했다. 겉으로는 과시적이고 강해 보였지만, 속은 매우 겁이 많고 열등감이 컸던 것이다.

열등감의 끝
: 편집성 인격장애

최근 국내의 병원, 특히 대형 병원에서 서비스 문제가 화두로 등장했다. 지금까지의 우리나라 병원 문화나 여전히 약자일 수밖에 없는 환자들의 입장을 생각해보면 바람직한 일이다. 다만 과유불급이라는 얘기처럼 이러한 측면이 지나치게 과열되기도 하고, 병원 평가 등에 포함되어 경쟁적인 양상을 보이면서 반대 문제도 종종 발생한다. 그 한 가지 예가 대형 병원의 민원실에서 가끔 벌어지는 일이다. 누가 들어도 별것 아닐 수 있는 말, 말의 토씨 하나만으로 자신을 무시했다면서 한두 시간씩 차마 입에 담지 못할 욕을 하는 사람이 있다. 심지어는 이런저런 협박을 하는 경우도 있다.

이는 비단 대형 병원 민원실에서만 일어나는 일은 아니다. 어느 회사든 일반 다수의 고객을 현장에서 상대해야 하는, 소위 '감정 노동자'들이 늘어나는 추세인데 이들은 이런 일을 흔히 겪는다. 이렇게 감정 노동자들을 심하게 들볶는 이들은 편집성 인격장애인 경우가 많다. DSM에서는 편집성 인격장애에 대해 "다른 사람들이 자신에게 악의를 품고 있다고 생각하는 것처럼 지속적인 불신과 의심을 가지며 다음의 특징 중 네 가지 혹은 그 이상의 특징을 보인다"라고 그 진단 기준을 밝히고 있다.

- 충분한 근거 없이, 타인이 자신을 이용하거나 속이고 자신에게 해를 입힐 것이라 의심한다.
- 동료나 주변 사람들의 신뢰에 대해 근거 없이 의심을 한다.
- 어떤 정보가 자신에게 악의적으로 이용될 것이라고 두려워해 타인을 믿지 못한다.
- 일반적인 말이나 행동에서 자신을 무시하거나 위협하는 행간의 의미를 찾으려고 애쓴다.
- 쉽게 원한을 품고, 모욕이나 냉대를 당했다고 느끼면 상대를 용서하지 않는다.
- 다른 사람에게는 그렇게 보이지 않을 수도 있는 경우를 자신의 특성이나 평판에 대한 공격으로 받아들이고 분노로 대응하거나 보복한다.
- 합당한 이유 없이 배우자나 애인의 행동에 대해 반복적으로

의심한다.

분노를 잘 참지 못하고 분출하는 사람들, 그중에서도 집요하게 보복성 분노를 토하는 사람들, 누가 봐도 이해하기 어렵게 사소한 꼬투리를 잡아서 악의적으로 터뜨리는 사람들이 이런 유형에 속하는 경우가 많다. 이들의 내면은 끝없는 열등감으로 가득차 있다. 지금까지 얘기한 원칙대로 가능한 이들을 자극하지 않는 게 좋으나 그 순간을 모면하기 위해서 잘못하지 않은 사실을 잘못했다고 인정하는 것은 금물이다. 물론 잘못한 부분이 있다면 그 부분에 대해서는 적절한 사과가 필요할 수도 있다.

이런 유형의 사람들은 현실적으로 개인이 상대하기는 벅차다. 경우에 따라서는 법적으로 대응해야 할 때도 있다. 이 책이 다루는 범위를 벗어나는 문제지만, 고객 서비스 차원에 대한 고려 못지않게 조직의 안정성을 위해서, 조직 차원에서 이런 사람들에게 피해를 당한 직원을 돕고 상황 해결에 나서는 등 적극적인 노력을 해야 한다.

평생을 공주로
: 히스테리적 인격장애

흔히 '히스테리'라고 하면 많은 사람들이 극심한 짜증이나 급격한 감정 변화를 떠올린다. 전혀 일리가 없지는 않지만, 이는 히스테리적 성격의 원래 의미와는 다소 차이가 있다. DSM에서는 히스테리적 인격장애에 대해 "광범위하고 지나친 감정 표현 및 감정 끌기의 행동 양상이 성인기 초기에 시작하여 여러 상황에서 나타나며 다음 항목 중 다섯 개 또는 그 이상을 충족시킨다"라고 기준을 밝힌다.

- 자신이 관심의 초점이 되지 못하는 상황을 불편해한다.
- 다른 사람과의 행동에 있어 상황에 어울리지 않게 성적으로 유혹적이거나 도발적인 행동을 한다.
- 감정 변화가 빠르며 피상적인 감정 표현을 보인다.
- 자신에게 관심을 집중시키기 위해 항상 외모를 이용한다.
- 지나치게 연극적으로 말하지만 내용은 없는 대화 양식을 갖고 있다.
- 연극적인 모습을 연출하고 감정 표현이 과장되어 있다.
- 타인이나 환경에 의해 쉽게 영향을 받는 피암시성이 강하다.
- 대인관계를 실제보다 더 친밀하다고 생각한다.

단적으로 설명하자면, 연극배우가 무대에서 보이는 연기처럼 일상을 살아간다고 생각하면 된다. 영화 〈바람과 함께 사라지다〉의 스칼렛 오하라 같은 이들을 떠올리면 이해가 쉬울 것이다. 가끔 언론의 정치면이나 사회면을 화려하게 장식하는 정사 스캔들의 여주인공 중 상당수가 이런 유형이다. 이들은 연극 무대의 주인공처럼, 모든 이에게 주목받으려 한다. 아무리 나이가 들어도 꿈 많은 사춘기 소녀 같은 모습을 보이기도 하고, 늙어 죽을 때까지도 철이 들지 않는 것 같은 인상을 주기도 한다. 인지적인 기능이나 지적 수준과는 전혀 부합되지 않는, '2퍼센트 부족한 백치미'를 종종 보이기도 한다.

히스테리적인 성격 특성을 가졌다고 해서 모두 문제가 되거나 '장애'라고 부를 수는 없다. 성격 특성은 스펙트럼의 측면이 있어서 한쪽 극단에 위치한다면 인격장애라고 부를 만하지만, 정신적으로 건강한 일반인도 어느 정도 유사한 특성을 보인다. 이 히스테리적 성격 특성이 심하지 않고 정상적인 범주 내에 있는 경우는 대인관계나 조직 내에서 활력소가 되기도 한다. 이들은 대개 사람들의 눈에 잘 띄는 화려한 원색 계열의 옷을 선호하고, '우아' '고상' 등의 단어로 특징지어지는 경우가 많다. 평생 '공주'의 환상에서 벗어나지 못하기도 한다. 말투도 다소 특이한 경우가 많다.

히스테리적 성격의 여자들은 의존적인 성향을 보이는 경우가 많은데, 이성 즉 남자가 많은 조직에서는 대체로 잘 지내나 여자가 많은 조직에서는 여자들 사이에서 '공공의 적'이 되는 경우도 많다. 히스테리적 성격의 여자들에 대해 남자들은 '귀엽다' '애교가 많다' 등의 반응을 보인다. 이런 유형의 사람들은 사원이나 대리 정도의 직급인데도 이사급 남자 상사를 '아빠'처럼 격의 없이 대하는 경우가 많다. 반말과 존댓말을 섞어 쓰거나 무릎

나는 아직도 사람이 어렵다

이나 어깨를 밀치면서 웃고 즐기는 경우처럼 말이다.

반대로 이런 유형에 대해 같은 여성들은 대개 '재수없다'거나 '빤히 보이는 유치한 방법으로 꼬리친다'고 평가하는 경우가 많다. 일견 감정이 풍부한 듯하지만, 실제로는 감정의 깊이가 없고, 대인관계가 피상적이다. 그렇기에 만약 남성이라면, 이런 여직원에게 과도하게 마음을 주었다가는 상처를 받을 수도 있고, 관계가 선을 넘어 조직 계통에 문제를 일으킬 수도 있다. 그러나 이들 또한 주위로부터 관심과 인정에 끊임없이 목말라하고, 자존감이 낮은 경우가 많으므로 상사가 이런 성격이라면 기회가 있을 때마다 칭찬과 인정을 계속해주는 수밖에 없다.

인간 롤러코스터
: 경계성 인격장애

경계성 인격장애는 정신의학과 심리학의 대상 중 아마 가장 독특한 특성을 지닌 성격군일 것이다. 경계성 '인격장애'라고 부를 정도의 사람은 흔히 보기 어려울지도 모른다. 이들은 어느 한곳에 진득하게 머무르지 못하기 때문이다.

따라서 만약 동료 직원이나 상사 또는 부하 직원이 이와 비슷한 면을 보인다면 '장애' 수준까지는 아닌, 경계성 성격의 특성 일부를 가진 경우일 가능성이 높다. 정신적으로 건강한 사람들 중에서도 경계성 인격장애를 가진 사람과 몇 가지 특성이 겹칠 수는 있으니 비슷한 면이 있다고 해서 무조건 경계성 인격장애가 아닐까 걱정할 필요는 없다. 성격 문제와 조금 다르게 우울증이 있는 경우에도 감정 기복이 심해지고 불안정해질 수도 있기 때문이다. 그렇지만 진단 기준을 충족하지 않는다고 해서 어려움이 없다는 뜻은 아닐 것이다. 진단 기준에 들어맞지는 않더라도 다음과 같은 문제 중 일부로 어려움을 겪고 있다면 적극적으로 상담을 받아볼 것을 권하고 싶다. 주위 사람도 힘든 경우가 많지만 가장 힘든 건 결국 자신이기 때문이다.

DSM에서는 경계성 인격장애에 대해 "대인관계, 자아상 및 감정의 불안정성과 현저한 충동성이 광범위한 형태로 성인기 초기에 시작된다. 이는 여러 상황에서 나타나고 다음 중 다섯 가지 또는 그 이상의 항목을 충족시킨다"라고 정의한다.

- 실제적으로 혹은 상상 속에서 버림받지 않기 위해서 미친듯이 노력한다.
- 과대 이상화와 평가 절하의 극단을 반복하는 불안정하고 격렬한 대인관계 양상을 보인다.
- 정체성 장애: 자기 이미지 또는 자신에 대한 느낌에 대해 현저하고 지속적으로 불안정하다.
- 과한 소비, 약물 남용, 위험한 운전, 폭식 등 자신에게 해가 될 가능성이 있는 충동성을 두 가지 이상 가지고 있다.
- 자살 행동이나 자살 유사 행동, 자살 위협 또는 자해 행동을

나는 아직도 사람이 어렵다

반복적으로 행한다.

- 기분의 반응성이 심해 감정이 불안정하다.
- 만성적으로 공허함을 느낀다.
- 부적절할 정도로 심하게 분노 표출을 하거나 분노 조절 장애가 있다.
- 스트레스와 연관된 편집적인 사고 또는 심한 해리 증상을 보인다. (일종의 '다중인격'처럼 일시적으로 자신의 행동이나 생각, 느낌을 알아채지 못하는 현상을 해리 증상이라 한다.)

이들은 "넌 쓰레기야. 너는 세상에서 가장 못났고, 존재 가치가 없어"라고 끊임없이 대답하는 내면 거울을 가지고 살아간다. 일상이 늘 공허하고 우울할 수밖에 없다. 유년 시절의 학대나 심한 정서적 방임이 이러한 성격 형성의 중요한 원인으로 알려져 있다. 대단히 불안정하고, 격정적인 성격 특성을 보이는데 이 때문에 단편적으로는 매력적으로 보일 수도 있다.

대인관계 역시 매우 불안정하고 예측이 어렵다. '불나방'처럼 달려들었다가도 가까워지는 순간 특별한 이유 없이 갑자기 멀어지기도 한다. DSM 진단 기준에서 말한 것처럼 온갖 방법으로 상대를 협박해서 조종하려 들기도 하며, 조직이나 그룹 내에서 일종의 이간질을 해서 많은 사람이 두 편으로 나뉘어 싸우게 하는 경우도 많다. 경계성 인격장애 환자의 이러한 조종으로 정신과 입원 병동에서 치료진들 간에 편이 갈리는 경우도 있을 정도다. 이들의 내면에는 흑과 백, 양극단만 존재하며, 세상을 볼 때나 타인을 만날 때도 '좋은 사람'과 '나쁜 사람' 두 종류로만 인간형을 구분한다. 어떤 한 사람에 대해서 어느 순간에는 '너무 좋은 사람'이라고 평가하다가도 아주 사소한 계기로 '죽일 놈'이라고 하는 경우도 흔하고, 그 양극단 사이를 왔다갔다하는 경우도 많다. 겉으로는 대단히 공격적인 면을 보이는데, 결국 이들의 내면은 심한 공허와 불안이 핵심이라 할 수 있다.

이들은 '나'라고 하는 어떤 실체가 마음속에 제대로 자리잡지 못한 사람이다. 이들은 특정 상대에게 자신을 '구원'해주어야만 한다는 식의 강렬한 감정을 유도하기도 하는데, 만약 그런 대상이 된다면 여기서 벗어나기가 쉽지 않다. 만약 주위에 이런 성격 유형의 사람이 있다면 어느 선 이상으로 감정적인 관계가 깊어지지 않도록 주의하는 것이 좋다. 만약 이런 성격 유형의 사람이라면 적극적으로 전문가를 찾아서 상담을 받아볼 것을 권한다.

바보 천재. 바보는 아닌데 바보짓을 하는 사람들 : 성인 아스퍼거 증후군

변호사 이정주씨는 같은 법률회사의 후배 변호사인 B 때문에 최근 스트레스가 많았다. 틀림없이 수재인 것 같은데 너무 어이없는 사고를 쳤기 때문이다. 그 사고의 발단은 이변호사와 관런이 있었다. 얼마 전 이정주씨가 농담으로 한 말을 진심으로 알아들은 B가 그 내용을 소장에 그대로 썼다가 소송과정에서 곤란을 겪은 것이었다. 이변호사에게까지 그 불똥이 튀어서 안팎으로 입장이 난처해졌다.

생각해보면 B의 문제는 하늘에서 뚝 떨어지듯 갑자기 생긴 것은 아니었다. 평소에도 B는 어떤 방식이나 어떤 스타일에 한 번 '꽂히면', 그렇게 하면 안 된다고 또는 그렇게 하지 말라고 분명히 경고해도 막무가내로 행동했다. 충분히 합리적인 논리에서 그러는 것도 아니었다. 누가 봐도 말이 안 되는 논리로 '똥고집'을 부리는 경우도 종종 있었다. 일부러 그러는가 싶다가도 아닌 것 같기도 하고, 머리는 좋은데 왜 가끔 바보 같은 행동을 하는지 도저히 납득할 수 없었다.

B는 말투도 특이해서 평상시에도 흡사 '국어책을 읽듯' 말했고, 시선 처리도 어색해 처음 보는 사람은 B가 자신을 건방지게 쳐다본다는 인상을 받았다. 걸음걸이나 동작도 왠지 모르게 특이해서 직원들 사이에서는 '독일 병정'이라는 별명으로 불렸다. 답답한 마음에 B를 두고 살짝 비꼬는 듯한 내용의 농담을 해봐도 B는 자신의 얘기인 줄 알아채지 못했다. 어딘지 모르게 B는 사회성이 조금 떨어지는 듯했다.

B는 성인 아스퍼거 증후군을 겪고 있었다. 아스퍼거 증후군은 자폐의 한 부류로 분류되는데, 자폐증 스펙트럼으로 분류는 되지만 일반적인 자폐증과는 많이 다르다. 학자에 따라서는

'고기능 자폐'와 아스퍼거 증후군을 구분하지만, 여기서는 넓은 의미에서 이 둘을 모두 합쳐서 아스퍼거 증후군이라고 설명하려 한다. 일반적인 자폐증이 대체로 지능 저하나 정신지체를 동반한다면 아스퍼거 증후군은 인지기능에는 영향을 받지 않으며, 수학이나 음악, 미술 등 특정한 영역에서 비범한 재능을 보이는 경우가 많다. 기억력이 유달리 발달해서 책 한 권을 한 시간 만에 통째로 외우는 경우도 있다.

이들의 가장 두드러지는 병리적인 특징으로 공감 능력의 결여와 대인관계나 사회적인 상황에서 맥락이나 뉘앙스를 읽는 능력의 부족 등을 들 수 있다. 그래서 이들은 '눈치 없는' 정도가 일정 선을 넘는 경우가 많다. 말투나 자세, 동작 등도 상당히 독특한데, 대표적인 경우가 〈베토벤 바이러스〉의 강마에라고 볼 수 있다. 강마에의 자세나 말투를 떠올려보라. 일반적인 사람들과 다소 다르지 않은가. 그 말투나 자세는 본인의 의도와 관계없이 상당히 거만하다는 인상을 준다. 강마에가 별 감정 없이 "너희들은 내 똥덩어리야"라고 얘기할 수 있는 것도 그 얘기를 듣는 사람들의 기분이 어떨지 전혀 예상하지 못하기 때문이다. 일부러 상처 주려고 그러는 게 아니라 정말로 몰라서 그러는 것이다.

물론 아스퍼거 증후군을 겪는 모든 이가 그런 것은 아니다. 정도의 차가 매우 크고, 소아 아스퍼거 증후군의 경우에는 나이나 치료, 교육 등에 따라 많은 변화나 발전이 가능하다. 아스퍼거 증후군이 심하면 사회적인 성취를 하기가 어렵다. 하지만 아스퍼거 증후군의 특성을 가볍게 보이면서 공감 훈련이 안 된, 사회적으로 성공한 이들은 문제가 된다. 아스퍼거 증후군의 특성을 어느 정도 가지고 있으면서 명백히 질환이나 장애 수준이라고 보기 힘든 사람들, 일반인이 보기에는 '독특한 수재' 같은 느낌을 지닌 이들 중의 일부가 문제가 된다.

아스퍼거 증후군의 특성이 부정적인 방향으로만 작용하지는 않는다. 좀더 순수한 면모를 보이는 사람도 많다. 결국 공감 능력과 사회성이 결여된 이들 중 자기중심적이고 이기적으로 성장하는 사람들이 문제가 되는데, 이들 중 일부는 소시오패스나 자기애성 인격장애의 형태로 변화하는 경우도 있다. 특히, 지능이 좋으면서 아스퍼거 증후군의 특성을 일부 지닌 사람들은 진정한 의미에서 정서적 공감 능력은 떨어지지만 관습적인 반응은 어느 정도 학습이 가능하기 때문에 공감을 잘하거나 대인관계가 좋은 것처럼 보일 때도 있다. 그렇지만 계속 관계를 맺고 좀더 가까워지면 그렇지 않다는 것을 느끼기 마련이다.

이들을 대할 때 많은 이들이 당혹스러워하고 혼란스러워지는 이유는 상대방이 나와 같은 차원에서 생각하고 느끼고 세상을 바라본다고 전제하기 때문이다. "너희들은 내 똥덩어리야"라고 할 때, 우리는 무의식중에 그의 정신 상태나 뇌기능이 우리와 같은 선상에 있다고 느끼지만, 절대 그렇지 않다. 이들은 일종의 환자로 뇌기능에 문제가 있는 사람들이다. 피할 수 없는 대상이라면 그저 환자라 생각하고 적당한 거리를 유지하는 것이 필요하다. 달려들거나 싸운다고 문제가 해결될 수 있는 유형의 사람이 아니므로 그런다고 해도 대개는 별 효과가 없다.

반대로 대놓고 피하는 것도 좋지 않다. 회피 반응을 보이면 상대 내면의 열등감에 가득찬 고양이를 자극할 수도 있기 때문이다. 직장이든 어디든 대인관계에 있어서, 부드럽고 친절한 사람인데도 왠지 일정 거리 이상 가까워지지 못하는 사람들이 종종 있다. 그게 옳으냐 그르냐, 좋으냐 싫으냐를 떠나서 이런 성인 아스퍼거 증후군의 특성을 보이는 사람 중에 당신을 힘들게 하는 사람이 있다면 그와 같은 태도와 거리를 유지하는 게 정답이다.

나는 아직도 사람이 어렵다

완벽한 성격은 불가능하다, PD(2)

　　　　　　　　　　성격은 칼로 두부 자르듯 명쾌하게 구분해서 말하기 어려운 면이 있다. 소위 정상인이라고 해도 완벽한 성격을 가진 사람은 없으며, 반대로 인격장애로 진단을 받더라도 건강한 측면이 당연히 있을 수 있다. 우리 모두는 양극단의 스펙트럼 중 어딘가에 놓여 있는 것이다. 게다가 인격'장애'라는 용어에서 느껴지는 모종의 거부감처럼, 일종의 낙인을 찍을 위험이 있고, 그에 대한 비판도 있을 수 있다. 그럼에도 불구하고, 이러한 인격장애 분류를 통해서 일상생활에서 마주치면 대다수가 혼란감을 겪게 되고, 많은 갈등의 소지가 될 수 있는 특정 성격을 이해하는 데 상당한 도움을 받을 수 있다. 또한 건강한 사람이라고 하더라도 성격 중 일부 특정 부분이 도드라질 수 있고, 역시 그에 대한 이해에 어느 정도 가이드가 될 수 있는 장점도 있다.

앞서 기술된 다섯 가지에 덧붙여 DSM에서 분류하는 인격장애의 나머지 다섯 가지도 기술하려 한다. '성격'이라는 것의 특성상 서로 다른 인격장애로 분류가 되더라도 일부 항목은 충분히 겹치거나 비슷할 수 있다.

히키코모리
: 분열성 인격장애

스물네 살 남자 대학생인 영준씨의 부모는 몇 년 전부터 아들 걱정에 잠을 못 이루고 있다. 영준씨는 원체 어렸을 때부터 말수가 없고, 친구가 없었다. 하지만 고등학교를 졸업할 때까지만 해도 집과 학원, 독서실을 왔다갔다하다보니 그게 큰 문제라고 인식되지 않았다. 그러다 영준씨가 대학에 들어가서도 같이 어울리는 친구가 없고, 특별한 취미도 없고 늘 혼자 지내자 그 심각성을 깨닫게 됐다. 영준씨는 동성 친구나 이성 친구에 대한 관심도 없었고, 주로 방에서 혼자 책을 보거나 게임을 하며 지냈다. 부모 입장에서는 그러려니 했다. 하지만 한 친척이 영준씨와 대화하다보면 감정이 있는 '사람'이 아니라 나무토막이나 인형과 이야기하는 것 같다고 병원에 한번 데려가보라고 권하자 문제의 심각성을 인식했다.

가끔 인터넷상에 오르내리는 '히키코모리(은둔형 외톨이)' 중 일부가 이에 해당하지 않을까 싶다(물론, 모든 히키코모리가 분열성 인격장애에 해당하는 것은 아니다). DSM에서는 분열성 인격장애에 대해 다음과 같은 기준을 제시한다.

"다양한 형태의 사회적 유대로부터 반복적으로 유리되고, 대인관계에서 전반적으로 제한된 범위의 감정 표현이 나타난다. 다음 중 네 가지 또는 그 이상 항목이 나타난다."

- 가족과의 관계를 포함해서 다른 사람과의 친밀한 관계를 바라지도 않고 즐기지도 않는다.
- 거의 항상 홀로 하는 일만을 선택한다.
- 다른 사람과의 성적인 경험에 대한 관심이 거의 없다.
- 거의 모든 활동에 흥미나 즐거움을 느끼지 못한다.
- 직계 가족 외에는 친한 친구가 없다.
- 다른 사람들의 칭찬이나 비난 등에 관심이 없어 보인다.
- 감정적으로 냉담하거나 감정이 없는 사람 같다.

**오늘 나는
우주인과 교신한다
: 분열형 인격장애**

이 유형의 사람들은 주위에서는 쉽게 볼 수 없을지도 모른다. 이러한 성격 유형의 사람은 〈세상에 이런 일이〉 유의 텔레비전 프로그램에 소개되는 경우가 흔하다. 사십대 중반인 허영민씨도 이 부류에 속하는 사람이었다. 그는 지구에서 한 10만 광년쯤 떨어진 별에 사는 우주인들이 보내는 신호와 교신할 수 있는 언어라며, 다른 사람들이 처음 들어보는 이상한 용어를 사용하였다. 우주의 기를 잘 받아야 한다면서 날씨에 따라 어떤 날은 온통 붉은색, 어떤 날은 온통 파란색으로 옷을 맞춰 입고 다니기도 하였다.

분열형 인격장애에 대해 DSM에서는 "친밀한 대인관계에 대한 불편함, 친분관계를 맺는 능력의 감퇴, 인지 및 지각의 왜곡, 행동의 기괴성 등이 성인기 초기에 광범위하게 나타나며, 다음의 다섯 가지 또는 그 이상 항목을 충족시킨다"라고 기준을 밝힌다.

- 관계망상. 별 관계없는 다른 사람의 행동이 자신과 관련될 것이라고 망상한다. 간단한 예로, 지하철 맞은편에 앉은 사람이 기침을 하면 자신에게 신호를 보낸다고 여긴다.
- 그 사회나 문화에 맞지 않는 이상한 믿음이나 마술적 사고 (예를 들어, 미신, 천리안, 텔레파시 등)를 갖는다.
- 이상한 감각 경험을 한다.
- 이상한 생각이나 말(모호하고 우회적, 은유적, 과장적인 표현)을 한다.
- 합당하지 않은 의심을 한다.

나는 아직도 사람이 어렵다

- 부적절하고 기괴한 행동을 보인다.
- 친구나 아주 가까운 사람이 없다.
- 외계인이 쳐들어오지 않을까처럼 편집증적인 공포를 보인다.

'오버'의 극치
:회피성 인격장애

스물세 살의 대학교 3학년생인 김영훈씨는 어렸을 때부터 수줍음이 매우 많았다. 친구를 사귀고 싶은 마음은 굴뚝같았지만 다른 아이들에게 같이 놀자고 말을 못 해서 유치원이나 초등학교 시절부터 늘 외톨이였다. 그런 외톨이 상태에 대해 별다른 불편함을 못 느끼거나 혼자인 것을 즐기는 것은 물론 아니었다. 같이 놀자는 말 한마디 하기가 하늘의 별 따기보다 더 어려웠을 뿐이다.

초등학교 3학년 때는 국어시간에 일어나서 책을 읽다가 다른 친구들이 자신의 목소리와 책 읽는 방식을 어떻게 생각할까 신경이 쓰여 제대로 책을 읽을 수가 없기도 했다. 반 친구들이나 선생님은 전혀 개의치 않는데도 지레 불안해하다가 목소리가 떨렸고 급기야 울음을 터뜨렸다. 영훈씨의 부모는 걱정이 되긴 했지만, "너도 어렸을 때 유독 수줍음이 많았지만 이제는 별 문제 없이 지내지 않느냐"는 조부모의 의견대로 '다 크면 좋아지겠지' 하고만 생각해왔다. 영훈씨는 대학에 들어간 후 몇 번 학교를 다녀오더니, 다른 사람 앞에서 발표를 하거나 글씨를 쓰거나 혹은 조금만 큰 소리로 대화를 해도 사람들이 뭐라 할까봐 신경 쓰여서 도저히 학교를 못 가겠다며 방에만 틀어박혀 지내게 되었다.

회피성 인격장애는 발표할 때 긴장하거나 무대공포증과 같은 증상을 보이는 '사회공포증'과도 비슷한 면이 많다. 다만, 사회공포증이 특정한 상황에서 한두 개의 특정 증상을 보인다면 회피성 인격장애는 전반적인 사회생활이나 대인관계에서 포괄적으로 어려움을 보인다. DSM에서는 회피성 인격장애에 대해 "사회적 관계의 억제, 부적절감, 부정적 평가에 대한 예민함이 광범위한 양상으로 나타나고 다음 중 네 가지 또는 그 이상 항목으로 나타난다"라고 기준을 제시한다.

- 비판이나 거절, 인정받지 못함 등 때문에 의미 있는 대인 접촉이 필요한 직업적 활동을 회피한다.
- 상대가 자신을 좋아한다는 확신 없이는 사람들과 관계 맺기를 피한다.
- 수치스러울까봐 놀림 받을까봐 두려워해 친근한 대인관계를 맺는 것을 스스로 제한한다.
- 사회적 상황에서 비판의 대상이 되거나 거절당하는 것에 대해 심하게 집착한다.
- 그렇지 않은 관계에서도 불편하고 부적절한 느낌 때문에 새

나는 아직도 사람이 어렵다

로운 대인관계를 맺는 것이 힘들다.

- 자신을 사회적으로 부적절한 존재며 개인적으로 매력이 없다고 느끼며 다른 사람보다 열등하다고 느낀다.
- 당황스러워하는 모습을 남에게 보일까봐 새로운 일에 관여하거나 부담을 감수하기를 극히 꺼린다.

요람에서 요람까지
: 의존성 인격장애

의존과 독립, 헤어짐과 애도의 문제는 우리 모두 평생 안고 갈 숙제가 아닐까 싶다. 상담실에서 만나는 많은 내담자들, 필자 주위의 여러 사람들, 그리고 필자 또한 살아가는 한 이 문제에서 자유롭지 못하다.

인간은 혼자 무인도에서 고립되어 살 수 없다. 신이 아니기에 모든 것을 자신이 다 해결할 수도 없다. 직접적인 의존이나 의지, 도움이 아닌 심지어 돈을 주고 물건을 사는 경우에도 넓은 의미에서 우리는 물건을 만드는 사람, 파는 사람, 그리고 이 사회에 의존하면서 살아간다. 반대로 자신의 나이나 심신의 상태, 가정이나 사회에서의 역할 등에 맞지 않게 스스로 할 수 있는 것, 해야 하는 것을 방기한 채 살아가는 사람을 우리는 독립심 또는 자립심이 부족하다고 표현한다.

여기서 좀더 흥미로운 건, 겉으로 보이는 것과 실제 내용이 정반대인 경우도 많다는 점이다. 어떤 사람은 대단히 의존적이고 유약해 보이는데 그 사정을 자세히 살펴보면 실제로 마음을 제대로 맡기지 못하고 충분히 의존 또는 의지를 못 하는 경우가 있는가 하면, 대단히 독립적이고 강해 보이는데 그 내면에는 의존에 대한 강렬한 두려움이 있어 자립심이 강한 것처럼 보이는 사람도 많다. 자신마저 속이고 있는 그러한 거짓 의존, 거짓 독립을 넘어서 진정한 독립체로서 서로 불완전한 부분을 충분히 의지하며 살아가기란 쉬운 일이 아니다.

갈수록 우리 사회에는 이러한 심한 의존 성향을 띤 사람들이 늘어나는 듯하다. 소위 '마마보이' '마마걸' 등이 대표적인 경우라 하겠다. DSM에서는 "돌봄을 받고 싶어하는 광범위하고 지나친 욕구가 복종적이고 매달리는 행동과 이별에 대한 공포를 가져오며, 다음 중 다섯 가지 또는 그 이상 항목으로 나타난다"라고 진단 기준을 밝힌다.

- 타인으로부터 과도하게 충고를 받거나 확신 없이는 일상에서 판단을 내리는 데 어려움이 많다.
- 자신의 생활 중 가장 중요한 부분에 대해 타인에게 책임을 전가한다.
- 지지와 인정을 잃는 것을 두려워해 다른 사람과 의견이 다르다는 사실을 표현하는 데 어려움을 겪는다.
- 자신의 판단이나 능력에 대해 자신감이 결여되어 있어서 일을 스스로 시작하기 어렵다.

나는 아직도 사람이 어렵다

- 내키지 않는 일이라도 타인의 보살핌이나 지지를 얻을 수 있다면 자원한다.
- 혼자서는 스스로를 돌볼 수 없다는 공포 때문에 불편해하고 절망감을 느낀다.
- 친밀한 관계가 끝나면 자신을 돌봐주고 지지해줄 근원으로서의 다른 관계를 절실하게 찾는다.
- 스스로를 돌봐야 하는 상황에 남겨지는 것에 대한 비현실적인 공포에 집착한다.

매사에 완벽, 완벽!
그러나 그 이면엔······
: 강박성 인격장애

황정은씨는 결혼 3개월차로 아직은 신혼의 달콤함을 만끽하고 있었다. 남편은 유머 감각이 없어 별 재미는 없었지만, 대단히 성실하고 책임감이 투철한 사람이라 든든했다. 연애할 때도 남편은 시간이나 약속을 어기는 법이 없었고, 한 번 말한 사항에는 늘 책임을 져서, 이런 사람이라면 인생을 맡기고 평생 함께해도 듬직하겠다 싶었다.

그런데 막상 결혼하니, 남편의 장점이라고 생각했던 점이 정은씨를 힘들게 하기 시작했다. 남편에게 일상의 모든 일은 정확한 시간 계획대로 움직여야만 했다. 정은씨가 보기엔 융통성 있게 처신해도 될 경우조차 너무 원칙대로 행동하도록 해 강요

당하는 느낌마저 들었다. 심지어 운전중 앞차가 신호 위반을 하자 남편이 앞차를 끝까지 따라가서 상대 운전자를 훈계하는 바람에 오후 일과를 망치기도 하였다.

이처럼 강박성 인격장애의 성격을 가진 사람들은 조금이라도 어떤 원칙이나 틀에서 벗어나는 것을 참지 못한다. 모든 면에 완벽을 추구하는 것처럼 보이지만, 그 이면에는 조금이라도 어떤 정해진 틀에서 벗어나는 것에 대한 극도의 두려움과 불안이 있다. DSM 기준은 다음과 같다.

"융통성, 개방성, 효율성을 희생하더라도 정돈, 완벽, 그리고 심리적인 컨트롤, 대인관계의 컨트롤 등에 지나치게 집착하는 양상을 보이며, 다음 중 네 가지 또는 그 이상 항목으로 나타난다."

- 내용의 세부, 규칙, 목록, 순서, 조직, 또는 스케줄에 집착하여 활동의 중요한 부분을 놓친다.
- 완벽함을 보이나 이것이 일의 완수를 오히려 방해한다. (예를 들어, 자신이 세운 완벽한 기준을 만족시키느라 계획된 일을 완료하지 못한다.)
- 여가활동이나 친구 교제를 마다하고 직업이나 일 등 생산적인 것에만 지나치게 열중한다. (그렇다고 경제적으로 반드시 필요한 일도 아니다.)
- 지나치게 양심적이거나 소심하다. 도덕 윤리 또는 가치관에

나는 아직도 사람이 어렵다

대해 융통성이 전혀 없다.

- 정서적으로 큰 의미가 없는데도 낡고 가치 없는 물건을 버리지 못한다.
- 자신의 방식을 완전히 정확하게 따르지 않으면 일을 맡기거나 같이 일하려 하지 않는다.
- 자신과 타인에 대해 돈을 쓰는 데 지나치게 인색하다. (돈을 미래에 닥칠 수 있는 큰 재앙에 대비하는 수단으로만 본다.)
- 경직되고 완고한 모습을 보인다.

MBTI, TCI, DSM 성격장애 분류에 대해 살펴봤지만 이러한 몇몇 분류로 모든 사람을 속속들이 알 수는 없을 것이다. 다만, 우리가 누군가를, 그리고 우리 자신을 이해하는 데 있어 이러한 분류가 꽤 도움이 되리라 믿는다. 또한 상대방과 나 사이의 관계 문제를 이해하는 데에도 나침반 역할을 해주리라 생각된다.

이러한 분류를 통해서 상대방과 나를 어떤 틀에 가두거나 심한 경우 낙인을 찍는 것이 아니라, 타인과 자기 자신에 대해 좀더 이해하고, 공감을 통해 문제를 해결하고자 하는 관심과 노력이 궁극적으로 중요할 것이다.

한 발짝 물러나보면
우리는 참 사소한 것에 힘들어하고 화내고 울고 웃는다.
좋든 싫든, 그 작고 사소한 것이 우리 삶에 의미를 부여한다고 믿는다.
인생이란 작고 사소한 것의 집합인지도 모른다.

에 필 로 그

'너'를
바꿀 수는 없다,
'너'를
이해할 뿐이다

　　　　　　　　스트레스에 관해 쓰는 것이 원래
목적이긴 했지만, 책을 마치고 나서 보니 삶의 어렵고 힘든 부분
만 너무 강조된 건 아닌가 싶기도 하다.

　　우리는 감정을 느끼는 생명체이기 때문에 살아가는 한 스트
레스 문제는 우리 삶과 분리할 수 없다. 특히 사람은 다른 동물
에 비해서 관계와 인정, 감정 같은 문제를 더욱 중요시하는 존재
다. 우리 인생은 단순히 먹고사는 문제만 해결되는 차원에서는
충족되지 않는다. 그래서 그만큼 삶이 힘들고 피곤하기도 하다.

　　이 책의 목표는 독자들이 전혀 몰랐던, 꿈에도 생각할 수 없
었던 그런 새로움을 일깨우려는 것이 아니었다. 당신이 피곤하

고 지친 삶 속에서 어렴풋이 '느끼고' 있던 것들을 좀더 분명히 '알게' 해주고, 알고 있었던 것을 '행동'에 옮길 수 있는 계기가 될 수 있다면 그것으로 족하다. 이를 통해, 삶이 1, 2퍼센트라도 바뀔 수 있다면 이 책은 그 목표를 충분히 달성했다고 생각한다.

침팬지와 인간의 유전자는 불과 1, 2퍼센트 차이일 뿐이라고 하지 않던가. 우리 삶은 1퍼센트만 달라져도 많은 부분이 변한다. 그만큼 우리의 삶, 나 자신, 사람과의 관계를 바꾸기란 쉽지 않다. 나를 바꾸는 것도 어려운데 하물며 '너'를 바꾸는 것은 불가능에 가깝다. 혹시라도 그런 망상 같은 기대를 가졌다면 이를 가능한 한 빨리 포기해야 한다. 필자는 그런 '너'를 바꾸는 것이 아니라, 겉으로 드러나는 '너'의 행동을 통해 그 뒷모습을 이해할 수 있도록 돕고자 했다.

안다고 모든 것이 바뀌지는 않는다. 그렇지만 '너'를 근본적으로 바꿀 수는 없어도, 힘든 '너'를 어떻게 상대할지 안다면 '나'의 삶이 조금은 수월해지지 않을까 싶다. 우리는 살면서 수많은 사람을 만나고, 무수한 관계를 맺는다. 하지만 아무리 많은 사람을 만나도 사람을 제대로 알기란 쉽지 않다. 아무리 무수한 관계를 맺어도 관계를 편하고 원만하게 끌고 가기란 늘 어렵다. 하지만 조금씩 알아가고 노력하는 과정에서 상대가 보이고, 관계가 개선되기 마련이다.

한 발짝 물러나보면 우리는 참 사소한 것에 힘들어하고 화내고 울고 웃는다. 그러나 매 순간 그렇게 물러서서 살 수는 없으리라. 좋든 싫든, 그 작고 사소한 것이 우리 삶에 의미를 부여한다고 믿는다. 인생이란 작고 사소한 것의 집합인지도 모른다. 각자의 삶에 건투를 빈다.

『스트레스가 내 몸을 살린다』

(대한불안의학회 스트레스관리특별위원회 엮음, 가림M&B, 2010)

스트레스와 관련된 내용을 포괄적으로 정리한 책이다. 여러 사람의 글을 엮은 책이라 유기적인 연결성이 다소 부족하게 느껴지는 부분이 있고 대중서치고는 다소 딱딱한 어투나 내용이 군데군데 있으나, 관련 분야에서 국내 최고의 전문가들이 쓴 책이라 스트레스에 관해 전반적인 개괄을 하는 데 도움이 된다.

『뱀의 뇌에게 말을 걸지 마라』

(마크 고울스톤 지음, 황혜숙 옮김, 타임비즈, 2010)

어려운 관계에 있어서 어떻게 상대에게 접근할 것이고, 상대와 어떻게 대화할 것인가 하는 주제를 과학적인 배경으로 쉽게 서술했고, 이를 '연습'할 수 있도록 돕는다.

『데일 카네기 인간관계론』

(데일 카네기 지음, 정택진, 강성복 옮김, 리베르, 2006)

인간관계 및 대화술의 바이블 같은 책이다. 오래전에 쓰인 책이라 현시점과 다소 거리가 있는 내용도 있으나 거의 대부분의 내용이 현재에도 여전히 유효하다. 여기저기에서 소통을 소리 높여 외침에도 불구하고 정작 대화 기법과 관련된 내용을 찾아보거나 관련 서적을 읽는 사람들은 소수다. 대화법에 관한 책으로 추천할 만하다.

『엄마 교과서』

(박경순, 비룡소, 2012)

인간의 심리와 정신분석적 관점에서의 심리발달이 궁금하다면 가장 먼저 추천하고 싶은 책이다. 육아서로 쓰인 책이지만, 성인이 읽어도 도움이 많이 될 듯하다. 일반인을 대상으로 한 국내서 중 평이함과 깊이를 모두 갖춘 몇 안 되는 책이다.

『당신은 마음에게 속고 있다』

(최병건, 푸른숲, 2011)

영화를 소재로 정신분석을 설명한 책으로, 정신분석에 관심이 있다면 읽어봄직하다. 국내에서 출간된 정신분석 관련서 중 가장 많은 공을 들인 책이 아닌가 싶다. 프로이트 심리학에 관한 개론서로는 국내서 중에서 가장 잘 쓰인 책으로 생각된다. 평이해 보이지만 내용이 말랑말랑하지는 않고 다소 어렵게 느껴질 수도 있는 부분이 단점일 수도 있겠다.

『관계의 재구성』

(하지현, 궁리, 2006)

영화를 소재로 인간관계에 대해 들여다본 책이다. 사람들 사이의 여러 관계에 대해서 정신분석학을 토대로 흥미롭게 읽어간다. 다양한 인간관계에 대한 설명에 있어 정신분석학적 관점이 어떻게 변주되면서 적용되는지 보는 재미가 쏠쏠하다.

『너는 나에게 상처를 줄 수 없다』

(배르벨 바르데츠키 지음, 두행숙 옮김, 걷는나무, 2013)

프롤로그에서 소개한 김여정씨, 의류회사의 김미연 과장처럼 남들은 잘 이해하지 못하지만 속으로 곪고 있는, 그런 이를 위한 심리서다.

『존 카밧진의 처음 만나는 마음챙김 명상』

(존 카밧진 지음, 안희영 옮김, 불광출판사, 2012)

최근 스트레스 의학 분야를 비롯해서 정신의학이나 심리학 분야에서 붐을 일으키고 있는 '마음챙김'에 관한 책이다. 전문가에게 '마음챙김'을 직접 배우기 힘든 이들의 자가 연습을 돕는다. 책의 내용을 몸에 익힐 수 있도록 꾸준히 따라하다보면 심신의 스트레스 관리에 많은 도움을 얻을 수 있을 것이다.

『마틴 셀리그만의 긍정심리학』

(마틴 셀리그만 지음, 김인자, 우문식 옮김, 물푸레, 2014)

최근 몇 년 사이 떠오른 긍정심리학에 관한 책이다. 긍정심리학의 허와 실이 함께 고려되지 않는 분위기는 문제가 있는 듯하나, 다시 한번 삶을 주체적으로 돌아보고 시각을 전환하는 데 충분히 도움을 줄 것이다.

나는 아직도 사람이 어렵다

ⓒ2014 강은호 김종철

1판 1쇄 2014년 10월 6일
1판 8쇄 2021년 12월 24일

지은이 강은호 김종철
기획 고아라 | 책임편집 임혜지 | 편집 고아라 | 독자모니터 김철민
디자인 강혜림 | 일러스트 서대진(http://blog.naver.com/dunge94)
마케팅 정민호 양서연 박지영 안남영 | 홍보 김희숙 함유지 이소정 이미희
제작 강신은 김동욱 임현식 | 제작처 한영문화사

펴낸곳 (주)문학동네 | 펴낸이 염현숙
출판등록 1993년 10월 22일 제406-2003-000045호
주소 10881 경기도 파주시 회동길 210
전자우편 editor@munhak.com | 대표전화 031)955-8888 | 팩스 031)955-8855
문의전화 031)955-2655(마케팅) 031)955-2672(편집)
문학동네카페 http://cafe.naver.com/mhdn | 트위터 @munhakdongne

ISBN 978-89-546-2601-9 03180

www.munhak.com